KENDO

Lehrbuch des japanischen Schwertkampfes

von **Kotaro Oshima** und **Kozo Ando**
übersetzt von **Ichiko Mandt**
unter Mitarbeit von
Yasumasa Kaneda, Dr. Johann Beyer
und Matthias Wiskow
mit 700 Abbildungen

15. Auflage
2006

VERLAG WEINMANN — BERLIN

Bibliografische Information Der Deutschen Bibliothek
Die Deutsche Bibliothek verzeichnet diese Publikation in der Deutschen National-
bibliografie; detaillierte bibliografische Daten sind im Internet über
http://dnb.ddb.de abrufbar.

Die japanischen Originalausgaben, KENDO NYUMON und KENDO DOKUSHI KYOHON, erschienen im Tokyo Shoten Verlag, AG.

Wir danken Autoren und Verlag für die freundliche Genehmigung Teile der Bücher sowie Abbildungen zu einem Lehrwerk für europäische Kendotreibende zusammenfassen zu dürfen.

Druck: Druckerei Eppler & Buntdruck

Inhaltsverzeichnis

6

Nihon-Kendo-Kata

Das Kendo-Training — Das Geheimnis des Erfolges

Vorwort

von **Yasumasa Kaneda**
Erster Kendo-Bundestrainer

Kendo, eine nicht geschlechts- oder altersgebundene Kampfsportart ist heute nicht nur in Japan, sondern auch in anderen Ländern weit verbreitet. Dies bestätigt die schon zum fünften Mal veranstaltete Kendo-Weltmeisterschaft. Auch in der Bundesrepublik setzt sich der Kendo-Sport allmählich durch; fähige Kämpfer konnten sich durch ihre Leistungen bei deutschen Meisterschaften sowie Europa- und Weltmeisterschaften behaupten.

So erfreulich diese Verbreitung auch ist, sollte man ihr nicht nur mit Wohlwollen begegnen. Denn nicht selten artet Kendo in eine nur spielerische Betätigung aus, die des wahren Kendo-Charakters entbehrt; der Wettkampf, d.h. ein oberflächliches Ringen nach dem Sieg wird hier zur Hauptsache. Man darf jedoch nicht vergessen, daß Kendo ein „Produkt" der japanischen Gesellschaftsstruktur ist. Kendo wurde in ihr entwickelt, mündliche Überlieferung, Anpassung und Wandlung sind die Koordinaten seiner Entwicklungsgeschichte und haben seinen Inhalt geprägt. Dieser Inhalt ist der Kern des Kendo. Kendo ist weder vom sportlichen Spaß an der Sache noch allein durch die Kriegsführung geprägt worden. Kendo ist das Ergebnis einer langen und vielseitigen **Entwicklungtradition. So sehr es auch sportlichen bzw. modernen Charakter** angenommen hat, ist es wichtig, Kendo in seiner entwicklungsspezifischen Eigenart zu verstehen und dieses Verständnis so dann in den Kampf einzubringen.

In einigen Kreisen ist der schon fast an Fanatismus grenzende Glaube vertreten, der Kern des Kendo sei nur in der unerbittlichen Auseinandersetzung auf Leben und Tod zu suchen; diese könnte jedoch nur mit dem NIHONTO (Schwert) ausgetragen werden. Wie man sieht, verkennen die Vertreter dieser Meinung die Rolle, die Kendo in unserer modernen Gesellschaft spielt und entwickeln folglich ein irriges Kendo-Verständnis. Andererseits machte die Japanische Kendo-Föderation in ihrer Erklärung zur Wiederbelebung des Kendo nach dem 2. Weltkrieg deutlich, daß Kendo künftig nur als Sport betrieben werden sollte. Auch die heutigen Kendotreibenden anerkennen Kendo als ganzheitlichen Sport bzw. als umfassendes Mittel zur menschlichen Bildung. Die Ideologie einer Konfliktlösung auf friedlichem Wege läßt eine unerbittliche Auseinandersetzung auf Leben und Tod und womöglich die Entwicklung einer Lebensphilosophie in diesem Zusammenhang nicht zu.

Um diese Einseitigkeiten zu vermeiden, muß mit strenger Objektivität und konsequenter Vorurteilslosigkeit immer wieder von neuem das Wesen des Kendo ergründet und begriffen werden. Es ist somit wichtig, der sportlichen Seite des Kendo gerecht zu werden, aber auch seinen traditionellen Wert wiederzubeleben. Denn die modernen Kendo-Techniken, die mit dem Shinai (Bambusstock) ausgeführt werden, weisen in ihrer Angriffsweise Parallelen mit dem Schwert auf, z.B. in ihrer ausholenden Bewegung, dem Treffen mit einer festgelegten Seite und dem Tenouchi.

9

Auch die dem japanischen Rittergeist so vertrauten psychologischen Momente wie Direktheit, Willenseinheit, spontane Entscheidungs- und Vollzugsfähigkeit sind Inhalte, die für unser heutiges Leben von gleichbedeutender Aktualität sind und uns vom modernen Kendo vermittelt werden.

Was nun die Kendo-Unterweisung in Japan anbetrifft, so gab es früher keine Bücher in denen die Lehrinhalte festgehalten wurden, sondern man verließ sich lediglich auf die mündliche Überlieferung. Mit der durch die Versportlichung bedingten Ausbreitung eines Kendo-Booms im Nachkriegsjapan — seit den letzten Jahren in verstärktem Maße — erschienen auf dem japanischen Markt eine ganze Reihe einführender Lehrbücher in die Kendo-Techniken. In anderen Ländern ist dies jedoch nicht der Fall. Die Auswahl der Bücher ist klein, und häufig sind diese wenig zur Unterweisung von Kendo-Anfängern geeignet; ähnlichen Problemen begegnen wir bei der Übungsleiterausbildung.

Es ist daher notwendig, ein umfassendes, die Kendo-Techniken korrekt und verständlich vermittelndes Lehrbuch in deutscher Sprache herauszugeben.

Wir haben uns für die Veröffentlichung einer Übersetzung des Buches ,,Kendo Dokushu Kyohon'', das von den beiden Autoren K. Oshima und K. Ando verfaßt worden ist, entschieden. Ausschlaggebend ist dabei die Tatsache, daß beide Autoren während ihrer Auslandsaufenthalte (5x in Deutschland) reichhaltige Lehrerfahrungen beim Training mit Nichtjapanern gesammelt haben und daher in ihrem Buch auch deren spezifische Trainingsprobleme berücksichtigen konnten.

Dieses Buch ist sowohl für Übungsleiter, als auch zum Selbststudium geeignet. Detaillierte Abbildungen, in denen die einzelnen Bewegungsabläufe deutlich werden, und die dazugehörigen übersichtlichen Erklärungen sind Kennzeichen dieses Buches und machen es jedermann zugänglich. Da auch auf die Feinheiten detailliert eingegangen wird, ergibt sich bei wiederholtem Lesen ein sich stetig vertiefendes Kendo-Verständnis des Lesers, so daß dieses Buch nicht nur den Anfängern, sondern auch den Fortgeschrittenen als ausgezeichnetes Kendo-Lehrbuch empfohlen werden kann.

Da dieses Buch als ,,autodidaktisches Lehrbuch'' für japanische Anfänger geschrieben wurde, ist auf tiefergreifende Ausführungen über die Einstellung zum Kendo, seinen ideologischen Hintergrund, sowie seine psychologische Relevanz verzichtet worden. Sehr wahrscheinlich wird der deutsche Leser gerade diesbezüglich viele Fragen haben; ich möchte jedoch betonen, daß der Schwerpunkt dieses Buches in der Vermitllung der Kendo-Techniken liegt. Dies auch weil eine fundierte Antwort auf derartige Fragen nur auf Grund genauer Kenntnisse der westlichen und östlichen Kultur sowie der Eigenart des Kendo möglich ist.

Der Wille zum Kampf wird aktiviert und äußert sich heute in der Praxis lediglich in Schlag- und Stoßbewegungen; da das moderne Kendo darüberhinaus auch zeitlichen und räumlichen Beziehungen unterworfen ist, kann es auch von älteren Leuten betrieben und daher als ,,Life-time''-Sportart angesehen werden.

In dem Maße, in dem der Kendo-Praktizierende sein Kendo-Verständnis erweitert, wird er auf die Frage stoßen, welchen Stellenwert Kendo in seiner persönlichen Entwicklung einnimmt, und es ist in dem Zusammenhang wünschenswert, daß jeder sein eigenes Kendo entwickelt. Der Autor dieses Buches, Herr K. Oshima sagte einmal: ,,Lehren bedeutet zur Hälfte Lernen'', und ich möchte mich in meiner Kendo-Entwicklung vertrauensvoll von diesem Ausspruch begleiten lassen.

Ich würde es sehr begrüßen, wenn Sie mit dem Bewußtsein trainieren, daß Kendo lernen auch und vor allem sich selbst kennen lernen bedeutet. Dabei sollte auch beachtet werden, was Herr Dr. J. Beyer, ein persönlicher Freund und Kendo-Praktizierender, mir einmal sinngemäß schrieb: Die Auswirkungen des Kendo auf das Individuum seien in ihrer Tragweite anfangs kaum erkennbar; durch das Üben jedoch würde eine Entwicklung in Gang gesetzt, im Verlauf derer jeder, der Kendo nicht nur als Weg **betrachtet**, sondern ihn auch **beschreitet**, Dinge kennenlernt, die ihm normalerweise verborgen blieben. Dies bezieht sich natürlich auch auf andere ,,Do's''. Die Auswirkungen ließen sich dann später auch nicht mehr vom täglichen Leben abtrennen, weil sie als Bestandteil des Individuums sämtliche Handlungen beeinflussen würden.

Zuletzt möchte ich mich im Namen aller Kendo-Interessierten für die Übersetzungstätigkeit bei Ichiko Mandt sowie für die auch mühevolle Mitarbeit bei Dr. Johann Beyer bedanken. Für die Überarbeitung des Kapitels ,,Vorbereitungstraining'' danke ich Matthias Wiskow.

Die charakteristischen Eigenheiten des Kendo

Die Kampfkunst Kendo hat ihren Ursprung in Japan. In ihrer langen Tradition hat sie sich als solche weiterentwickelt und wurde vom japanischen Volk mit Begeisterung aufgenommen.
Als eine Möglichkeit der Menschenbildung wird ihr auch heute noch Bedeutung beigemessen. Durch die geschichtsbedingten Wandlungen des moralischen Selbstverständnisses erhielt Kendo seinen sportlichen Charakter.

Zum Zeitpunkt seines Entstehens **war** Kendo schlechthin eine Zusammensetzung aus verschiedenen Techniken. Aus den vielfältig gewonnenen Kampferfahrungen wurde das Nihonto (japanisches Schwert) entwickelt, das in seiner Eigenart den psychologischen und physiologischen Eigenschaften des Japaners optimal angepaßt war und darüberhinaus sogar die Entwicklung einer ,,Schwertgesellschaft'', mit einem speziellen ethischen Kodex, veranlaßte.

Das Alltagstraining, in dem die Techniken angeeignet und verfeinert wurden, diente zur Vorbereitung auf den Ernstfall. Auf dem Kampffeld konnten sie dann — unter Einsatz des Lebens auf ihre Effektivität erprobt werden.

Was der Mensch in derartigen Grenzsituationen erkannte, war die Ehrfurcht vor dem Leben. Denn in der ständigen Ungewißheit: heute das Leben des anderen — morgen vielleicht das eigene auszulöschen, entwickelte der siegreiche Kämpfer eine ganz bestimmte Lebensanschauung, nämlich das philosophische Grundprinzip des ,,ritterlichen Gemeinsinns''. Diente das Nihonto auch

11

an erster Stelle dem Blutvergießen, weisen doch Form und Herstellungsweise zweifellos auf einen hohen Grad an technischem und künstlerischem Können; Tatsachen, von denen auch der heutige Japaner tief beeindruckt ist. Kendo hat auf diese Weise von seinem ursprünglichem Ziel, dem Töten, im Laufe seiner langen Tradition Abstand gewonnen und den Weg der Achtung zwischenmenschlicher Beziehungen eingeschlagen, und so die Würde des Menschen gewährleistet und erhalten.

Am Ende der Meiji-Periode (1868 — 1912) wurde diese Schwertkampfart erstmals offiziell ,,Kendo'' benannt; davor waren Benennungen wie ,,Ken-Jutsu'' oder ,,Gek-ken'' üblich. Erst als ,,Ken-Do'' als Erziehungsmethode Bedeutung gewann, wurde der letzte Teil dieses Wortes mit dem Ausdruck des ,,Weges'', sprich ,,Michi'' oder ,,Do'' festgelegt, wodurch Kendo soviel bedeutet wie: ,,Weg des Schwertes''.

Es wäre zu einseitig, würde man das Kendo früherer Zeiten mit anderen moralischen Auffassungen, nur unter dem Aspekt einer Kampfmethode bewerten; denn es darf dabei nicht vergessen werden, daß das intensive Training wie die Verfeinerung der Techniken nach wie vor die Erhaltung und Formung eines gesunden Geistes sowie eines widerstandsfähigen Körpers mit sich bringt — beides Grundvoraussetzungen für eine gesunde Lebensführung. Interpretieren wir diesen Begriff des ,,Weges'' nach modernen Maßstäben, so würden wir darunter verstehen:

1. Erlernen der Methode der Schwertführung
2. Ethik- und Morallehre
3. Gestaltung des Lebensweges

Um eine möglichst effektive Ausführung der Techniken zu gewährleisten, wurde das Nihonto mit einer Krümmung und dem ,,Shinogi'' (Klingenrücken) versehen.

Da der Schwerttod eines anderen unmittelbar den Gedanken an den früher oder später eintretenden eigenen Schwerttod aufkommen ließ, verbreitete sich die Auffassung, daß das Schwert nur als äußerstes und letztes Mittel eingesetzt werden sollte.

Die Altersgrenzen überwindend wird Kendo als Sport von ganz verschiedenen Menschen mit Begeisterung betrieben und hat vielen schon mittels seiner Härte und als gesamtmenschliche Betätigung, vieles gegeben. Geht man davon aus, daß der Mensch eine Kämpfernatur hat, so leuchtet die Wichtigkeit des Kendo sowohl zur Bildung eines für das Leben wichtigen Gemeinschaftssinns als auch zur Entwicklung der Fähigkeit des eigenen Verantwortungsbewußtseins ein.

Die Bedeutung des Kendo für den modernen Menschen

Während sich Kendo in einem sich stetig weiterentwickelnden Prozeß befand, hat es zugleich bis heute direkt wie indirekt die geschichtliche Entwicklung in Japan beeinflußt.

Wie wir in den vorangegangenen Ausführungen feststellen, haben die sich wandelnden moralischen Vorstellungen dem Kendo sportlichen Charakter verliehen. Es stellt sich uns somit die Frage, welche Bedeutung Kendo für den modernen Menschen hat?

Unter gegenseitiger Achtung soll die Härte des Kendo mittels seiner Technik bewältigt werden. Die physischen Kräfte und geistigen Fähigkeiten sollen hierdurch weiterentwickelt werden und so zum Heranwachsen eines vollwertigen Menschen beitragen. Während die alte japanische Staatsethik ein Leben der selbstlosen Hingabe und Dienstbereitschaft an den Staat vorsah und damit den Willen des Einzelnen ignorierte, erhebt Kendo als demokratische Sportart heute den Anspruch eines auf dem freien Willen jedes Einzelnen basierenden persönlichen Kendo.

Im Laufe des Trainingsprozesses und der allmählich zunehmenden Kunstfertigkeit wird man sich jedoch auch der traditionellen Elemente des Kendo bewußt. Diese wirken, sowohl vom psychischen als auch rein physischen Gesichtspunkt her, stark auf das Leben des Kendotreibenden ein. Das japanische Kultusministerium, das Kendo als Leibeserziehung betrachtet, legt die heute relevanten Eigenschaften des Kendo in den von ihm veröffentlichten ,,Richtlinien für Kendo an Schulen'' wie folgt fest:

1. Zur physischen Entwicklung

a) Entwicklung der Körperkraft einschließlich Schnelligkeit und Geschicklichkeit
b) Erlangung einer korrekten Körperhaltung

2. Entwicklung des sozialen Verhaltens

a) Förderung der Aufmerksamkeit und Entschlußfähigkeit
b) Entwicklung des Verantwortungsbewußtseins und der Selbständigkeit
c) Achtung des Mitmenschen bei gleichzeitiger Würdigung des Zeremoniellen

3. Pflege der Gesundheit im Sinne einer Vorbeugung

Die Einschätzung des Kendo als Mittel zur ,,psychischen und physischen Schulung'' hat in Japan Tradition. Darum wird Kendo, als eine an Regeln gebundene Sportart, sowohl im schulischen wie außerschulischen Bereich intensiv betrieben. Kendo erhebt den Anspruch der freien Entscheidung und Selbstverwirklichung des Einzelnen, das unser demokratisches Gesellschaftsprinzip erst ermöglicht. Kendo wird darüberhinaus, mit dem auf freiwilligem Entscheid basierenden Entschluß zum Kampf um den Sieg, auch den rein sportorientierten Zielen gerecht. Der Ehrgeiz, den man in das Erlernen der Techniken dieser Sportart investiert, orientiert sich zwar an erster Stelle am Sieg; parallel dazu wird jedoch dessen Sinn vielschichtig ergründet und reflektiert. Ist das Training als solches auch voller Mühe und strapaziös, so ist die durch die Vervollkommnung erzielte Freude der Mühe reicher Lohn.

Ausgehend von der zwischenmenschlichen Beziehung im Lehrer-Schüler-Verhältnis oder der Beziehung zwischen zwei Kampfpartnern, werden viele Probleme bewußt, die sich auf gesellschaftliche Zusammenhänge, die Geschichte und die Anwendung in der Lebenspraxis beziehen. Die Hauptbedeutung des modernen Kendo mag in der gemeinschaftlichen Bewältigung dieser Dinge liegen.

„NYUMON" und „DOJO"

1. „Nyumon" (Einführung)

Das japanische Wort „Nyumon" wirkt auf den ersten Blick — auch für Japaner — sehr förmlich. Dieser Ausdruck stammt aus der zen-buddhistischen Lehre und bedeutet soviel wie der Eintritt in den Weg Buddhas („Nyu" = eintreten; „Mon" = Tor). Es geht dabei nicht ums Vergnügen, sondern um eine Ausbildung. In Japan wird dieses Wort heute zur Einführung von Anfängern in eine Budo-Disziplin benutzt, da damit die gesamtmenschliche Ausbildung erfaßt wird.

Im Gegensatz zu früheren Drillmethoden kann sich heute jeder seinen eigenen Maßstab setzen, so daß die Zahl der Frauen und auch Kinder im Training stetig zunimmt.

Auch wenn die Dojos nicht immer wunschgemäß eingerichtet sind und es an guten Übungsleitern fehlt, kann man mit der Bereitschaft und dem Willen zu hartem Training sowie der nachträglichen Reflexion über den Kampf auch unter schlechten Bedingungen gute Erfolge erzielen.

2. „Dojo" (Fechthalle)

Auch dieser Ausdruck ist buddhistischer Herkunft und deutet auf einen Ort, an dem Buddhisten ausgebildet wurden. Früher war es üblich, die Fechthalle mit einem Hausaltar zu versehen; denn der Platz, an dem der Weg des Schwertes gelehrt wurde, galt als heilig. Heute findet man meist nur noch in Privathallen Hausaltare aufgestellt: dennoch sollte das Dojo als Austragungsort harten Kendo-Trainings respektiert werden. Fechthallen mit Hartholzböden sind zwar am vorteilhaftesten, jedoch kann man auch auf Lehmböden oder in anderen geeigneten Räumen trainieren. Viele sind beim Training auf Turnhallen angewiesen, in denen der Fußboden nicht nachfedert, wie bei Holzfußböden, die den Aufprall der Ferse bei Ausübung der Fumikomi-Fußarbeit dämpfen; dennoch läßt sich auch hier nach einiger Eingewöhnung gut trainieren. Da man barfuß trainiert, achte man während des Trainings auf angebrochene Holzlatten, hervorstehende Nägel oder sonstige Gefahrenmomente. Außerdem ist darauf zu achten, daß beim Training mit Anfängern, die noch keine Rüstung tragen, Verletzungen vermieden werden.

Kleidung und Ausrüstung

Vorschriften über Kleidung und Ausrüstung

In den Kendo-Kampfvorschriften werden die Bestimmungen über Kleidung und Ausrüstung zusammenfassend festgelegt. Da die Bestimmungen hierüber jedoch nicht bis in Einzelheiten reichen, sind gewisse Freiheiten in der Wahl von Kleidung und Ausrüstung gegeben.

KLEIDUNG
Es gibt zwei Kombinationen:
1. Keiko-Gi und Hakama
2. Hemd und Hose.

Da beide Kombinationen unterschiedliche Vorzüge aufweisen, bleibt es dem Benutzer selbst überlassen, für welche er sich entscheidet. Geeignet sind dicke und widerstandsfähige Stoffe. Wegen der starken Transpiration ist es wichtig, die Kleidung sauber zu halten.

Im allgemeinen ist der Gebrauch von Keiko-Gi und Hakama verbreitet; das hat folgende Ursachen:

a) Diese Kleidung besitzt eine ihr eigene traditionelle Schönheit.

b) Sie verhüllt die Fußbewegungen vor dem Gegner (Trägt man eine Hose kann der Gegner die Fußbewegung leicht beobachten, wodurch eine unauffällige Verkleinerung des Maai (Abstand) erschwert wird!).

c) Die Ausführung des Ashi-Sabaki (Fußarbeit) im Hakama ist einfacher. (Übt man Ashi-Sabaki mit einer Hose, so stört sie beim Beugen und Strecken der Knie.).

d) Das Hakama dient auch als Wärmeschutz (Da es unten weit und luftig ist, sorgt es während des Trainings in kalten Zeiten für Wärme.).

e) Ein Shinai-Schlag wird durch das Hakama abgeschwächt (Da zwischen dem Hakama und den Beinen ein Luftraum vorhanden ist, kommen Schläge, die die Rüstung verfehlen, nicht unmittelbar auf die Haut).

f) Das Hakama erleichtert das Einhalten einer geraden Körperhaltung. (Die Bänder des Hakama sind um den Unterleib gebunden, wodurch man aus dem Tanden (Unterbauch) leichter Kraft schöpft. Da durch die Rückenstütze die Hüfte gestützt wird, ist es leichter, eine gute Haltung einzunehmen.)

AUSRÜSTUNG

Die Ausrüstung besteht aus dem Fechtstock (Shinai) und der Kendo-Rüstung.
Für das Shinai gelten die auf Seite 18 stehenden Bestimmungen.

Die Kendo Rüstung

Eine Rüstung besteht aus vier Teilen: Men, Do, Tare und Kote (Kopf-, Rumpf-, Hüft- und Handschutz).
Man schreckt zwar eventuell vor dem hohen Preis der Rüstung zurück, doch konnte man in den letzten Jahren durch Verwendung von Nähmaschinen preiswertere Rüstungen herstellen. Die Rüstung kann bei korrekter Handhabung viele Jahre benutzt werden. Man sorge dafür, daß sie stets trocken ist und rechtzeitig repariert wird.

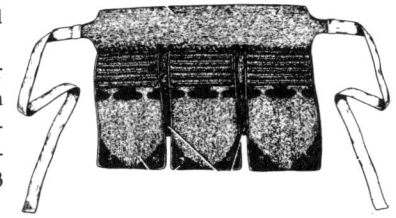

Zur Unfallverhütung achte man insbesondere auf:

a) den Bruch von Men-Stäben
b) die Loslösung des Tsuki-Tare (Kehlkopfschutzes)
c) eine Beschädigung von Innenleder und Polsterung der Kote
d) den Bruch von Bambusstäben an der Innenseite des Do etc...

Wahl von Kleidung und Ausrüstung

Als erstes müssen nur die Kleidung und das Shinai angeschafft werden. Da die Rüstung erst nach Aneignung der Grundtechniken angelegt wird, sollte man sich vom Trainer beraten lassen und erst daraufhin Vorbereitungen zum Kauf treffen.

Das Keiko-Gi

Geeignet ist ein Keiko-Gi mit Steppmuster. Es gibt verschiedene Größen: EL, L, M und S. Die Keiko-Gi sind ferner in den beiden Farben Weiß und Dunkelblau erhältlich. Welche Farbe man tragen möchte, bleibt dem eigenen Geschmack überlassen. Da der Stoff beim Waschen einläuft, sollte man eine Nummer größer kaufen. Die Ärmel sollten die Ellenbogen verdecken. Man benutze nur Keiko-Gi, die in Brusthöhe mit einem Brustband versehen sind.

Das Hakama

Für das Hakama ist eine bis zu den Fußgelenken reichende Länge angemessen. Es wird aus Baumwolle oder Kunstfaser hergestellt. Da die aus Baumwolle bestehenden Hakama bei der Wäsche einlaufen, sollte man ebenfalls eine größere Nummer kaufen, es vorsorglich einmal in ein Wasserbad tauchen und dann der eigenen Körpergröße anpassen. Da die dunkelblaue Farbe bei der Erstanwendung leicht färbt, sollte das Hakama erst nach Behandlung mit einem Farbfestiger getragen werden.

Die Rüstung

Die Rüstungen unterscheiden sich durch die Qualität des verwendeten Leders und die Anordnung der Steppstiche im gepolsterten Teil der Rüstung. Je enger die Stiche liegen, desto besser ist die Qualität. Während die Rüstungen früher handgesteppt wurden, werden heute vielfach maschinengesteppte Rüstungen zu niedrigeren Preisen angefertigt. Daß sich diese Rüstungen nur schwer reparieren lassen ist zwar ein Nachteil, jedoch sind die nähmaschinengesteppten Rüstungen für den anfänglichen Gebrauch ausreichend.

17

Das Shinai

a) Gewichte und Maße

Im Falle eines Wettkampfes müssen Gewicht und Länge des Shinai den vorgeschriebenen Regeln entsprechen.

b) Anordnung der Streben

Raspeln bzw. Feilen der Längskanten des Shinai verlängern seine Lebensdauer.
Man wähle stets ein Shinai, bei dem die Anordnung der
Streben wie auf der linken Abbildungshälfte aussieht. Das
auf der rechten Seite gezeigte Shinai ist nicht gut. Man überprüfe dies durch Betrachten der Schnittflächen.

c) Balance

Jeder Kendotreibende verfügt über einen eigenen Geschmack. Liegt der Schwerpunkt des Shinai mehr zum Griff hin, erscheint das Shinai leichter. Man wähle das Shinai, das individuell am hand-lichsten empfunden wird.

d) Faserdichte

Von der Faserdichte hängt die Haltbarkeit eines Shinai ab.
Man schaue sich die Schnittflächen an beiden Enden genau
an. Liegen die Fasern dicht beieinander, so handelt es sich
um harten Bambus. Liegen die Fasern weiter auseinander,
ist der Bambus weicher.

Shinai von harter Qualität spalten sich leicht der Länge nach, während solche von weicher Qualität leichter quer brechen können.

e) Lage der Bambusknoten

Shinai sollten paarweise gekauft werden. Es ist günstig, sich zwei Shinai zu kaufen, deren Bambusknoten jeweils in gleicher Höhe liegen, da man die Streben des einen Shinai bei Bruch oder anderen Beschädigungen leicht mit denen des anderen ausbessern kann.

f) Bruch durch Biegung

Dies kann passieren, wenn man verbogene Shinai durch Erwärmen geradebiegen möchte. Nach genauer Betrachtung der Innenfläche des Shinai findet man gelegentlich horizontale Risse.

18

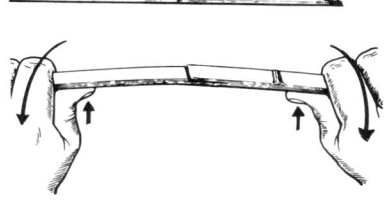

Man nehme sich davor in Acht, derartige Shinai zu kaufen, da sie bei Gebrauch sofort brechen. Durch die, auf der Abbildung gezeigte Kontrollmethode, können defekte Shinai sofort erkannt werden.

g) Schädlinge

Ein weiterer Grund, wehalb Shinai leicht brechen, ist der Befall mit Schädlingen, die man beim Betrachten der polierten Außenseite oftmals nicht erkennt.

Ist das Shinai von Schädlingen befallen, so fällt bei mehrmaligem Schlagen auf die Handfläche ein weisser Staub aus dem Shinai-Innern. Die Schädlinge befallen gern die weichen Innenteile. Schaut man sich daraufhin die Innenseite des Shinai an, so erkennt man die 2 mm großen Löcher, die durch den Schädling entstehen.

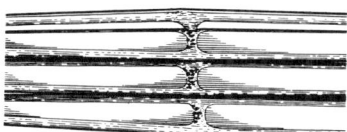

Das korrekte Anlegen von Kleidung und Rüstung

Wie man das Keiko-Gi anlegt

Nach Anlegen des Keiko-Gi werden die Brust-Bänder gebunden. Danach zieht man das Rückenteil ein wenig nach unten, damit sich dieses nicht wölbt. Außerdem werden die Falten nach beiden Seiten verteilt.

Es ist aus zwei Gründen wichtig, daß die Kleidung korrekt angelegt wird und sitzt. Erstens wirkt sich das unkorrekte Ankleiden auch auf die Haltung aus und verursacht ein schlechtes Aussehen. Zweitens darf dem Grundsatz nicht widersprochen werden, daß Kendo nur von einer korrekten Form her erlernt werden kann.

Wie man das Hakama anlegt

Die Bänder werden in Höhe der Taille angeordnet. Man achte darauf, daß das Hakama hinten nicht länger ist als vorne.

1. Ist das Keiko-Gi vorne ausreichend übereinandergelegt,

so daß es sich nicht vor der Brust öffnet, dann werden die

Vorderbänder des Hakama in Gurthöhe angelegt.
Zum Training werden Reithakama benutzt. Diese sind in
zwei Beinteile geteilt, weswegen man darauf achten muß, ins
richtige "Hosenbein" zu steigen.

2. Die beiden Vorderbänder werden nach hinten genommen. Auf dem Rücken wechselt man sie in die andere Hand
und zieht sie fest nach vorn.

3. Vor dem Körper wechselt man die Bänder noch einmal
in die andere Hand, läßt sie vorne kreuzen und bindet sie
dort fest um den Unterleib; dies sollte etwa 10 cm unterhalb
des Nähansatzes der Vorderbänder geschehen. Nachdem
man die Bänder noch einmal nach hinten genommen und in
einer Schleife gebunden hat, zieht man das Keiko-Gi
zurecht, um Wölbungen am Rücken zu vermeiden.

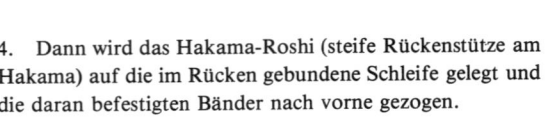

4. Dann wird das Hakama-Roshi (steife Rückenstütze am
Hakama) auf die im Rücken gebundene Schleife gelegt und
die daran befestigten Bänder nach vorne gezogen.

5. Da bei Anfängern, die die Rüstung noch nicht anlegen, das Hakama leicht nach unten rutscht, werden die hinteren Bänder unter der Innenseite der Vorderbänder nach vorn durchgezogen.

5

6. Über den gekreuzten Vorderbändern werden die hinteren Bänder zusammengebunden.
Beim Anlegen des Hakama sollte die Rückenstütze etwas höher zu liegen kommen und das Hakama vorne etwas länger sein.

6

Beim Anlegen der Kendo-Rüstung wird in folgender Reihenfolge vorgegangen: Erst Tare, Do und Men, dann die Kote anlegen. Zum Aufsetzen des Men wird ein Tenugui (Tuch) benötigt.

Wie das Tare angelegt wird
Da das Tare eine Vorder- und eine Rückseite hat, achte man darauf, daß die 3 größeren Lappen nach vorn gerichtet sind.

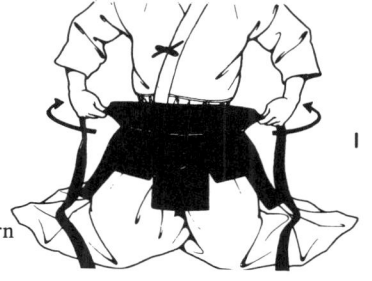

I

1. Als erstes ergreift man das Tare an den Hüftbändern und legt es von vorne um den Hüftknochen.

2. Die Hüftbänder werden hinten kräftig zusammengezogen.

3. Nun zieht man die Bänder unter dem großen Mittel-
schurz fest und bindet sie dort zu einer Schleife zusammen.

Das Tare muß fest zusammengebunden werden. Bindet man es nur lose, verrutscht es stets nach
links und gewährleistet keinen Schutz gegen abgerutschte rechte Do-Treffer.

Wie das Do angelegt wird

1. Das Do wird an die Brust gehalten.
2. Man nimmt das rechte obere Do-Band, legt es diagonal
über Rücken und linke Schulter, führt es vorne durch die
linke Lederschlaufe und bindet es daran fest.
3. Das linke Do-Band wird genauso gehandhabt, nur
entsprechend an der rechten Lederschlaufe befestigt.

Das Do muß in Schlüsselbeinhöhe festgebunden werden. Ferner müssen beide Bänder (Himo)
gleichfest gebunden sein und auf einer horizontalen Linie liegen.

Das Umbinden des Tenugui

I. Methode

I

1. Das Tenugui wird an beiden oberen Enden ergriffen und vor dem Gesicht strammgezogen.

2

2. Ohne die Richtung der Hände zu ändern wird das Tenugui so lange über den Kopf nach hinten gezogen, bis die untere Kante etwa die Stirnhöhe erreicht.

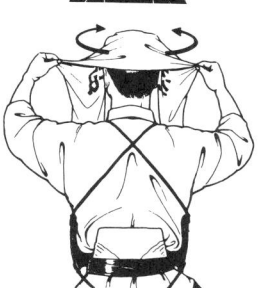

3

3. Dann wird der Hinterkopf vom Tenugui umspannt, indem man beide Enden nach vorn zieht.

4

4. Die Enden werden oberhalb der Ohren nach vorn gezogen, um einen Druck auf die Ohren zu vermeiden. Auf der Stirn werden sie überkreuz ineinandergedreht.

5. Die beiden sich überlappenden Teile werden mit einer Hand gehalten, während man mit der anderen das vor dem Gesicht herunterhängende Tenugui-Ende ergreift und über den Kopf nach hinten zieht.

5

6. So ist das Tenugui fertig umgebunden. Es muß fest sitzen, da es sonst während des Trainings über die Augen rutscht und die Sicht versperrt.

6

II. Methode

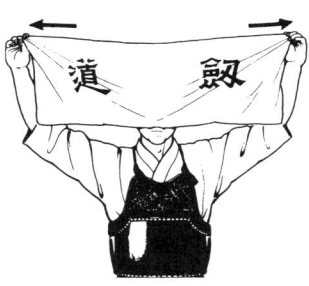

1. Man ergreift das Tenugui an den oberen beiden Enden und läßt es senkrecht vor dem Gesicht hängen. Mit dem Mund zieht man das Tenugui in der Mitte straff nach unten.

I

2. Beide Enden werden nacheinander um den Kopf geschlungen. Wie bei der ersten Methode achte man auch hier darauf, nicht die Ohren einzuklemmen.

2

24

3. Die beiden Tenugui-Enden werden von einer Hand gehalten, während man mit der anderen den vom Mund gehaltenen Teil ergreift.

3

4. Während man darauf achtet, daß sich das Tenugui nicht wieder löst, wird jetzt der untere Teil nach oben gezogen.

4

Das Umbinden der Men-Himo

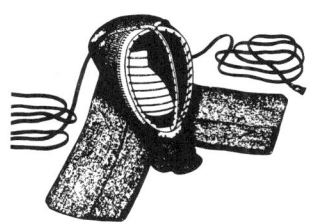

I

Men-Bänder werden durch Lederschlaufen an den Men-Stäben angebracht. Es gibt zwei Möglichkeiten, die Lederschlaufen am Men zu befestigen. Entweder werden sie am oberen Ansatz der mittleren senkrechten Eisenstäbe befestigt (Abb. 1) oder an beiden Außenenden der fünften Querstange von unten (Abb. 2).

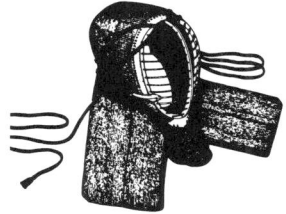

2

25

Die erste Methode verhindert zwar ein Loslösen des Men während des Trainings, jedoch ist das Anlegen als solches nicht nur umständlich, sondern gleichzeitig wirkt sich auch der unmittelbare Druck auf die Ohren nachteilig aus.

Diese Bindung ist daher eher für Fortgeschrittene geeignet.

Nach der zweiten Methode läßt sich das Men am einfachsten umbinden. Die Ohren sind zwar druckfrei, während des Trainings kann sich das Men jedoch leichter lösen - die Methode ist für Anfänger geeignet.

Ganz gleich, um welche Methode es sich auch handelt, man muß darauf achten, daß die Men-Himo sich nicht lösen. Aus diesem Grund müssen sie ordentlich gebunden werden.

Das Aufsetzen des Men
Hier wird die einfachere Methode erklärt.

I

1.   Zuerst wird das Men wie in Abb. 2 vorbereitet. Danach werden die Men-Himo mit den Daumen festgehalten.

2.   Das Kinn wird in die Kinnstütze gebettet, dann wird das Men so aufgesetzt, daß das Gesicht fest darin sitzt (innere Wangenhalter). Beide Bänder werden dann von den Men-Lederschlaufen aus nach hinten gezogen. Am Hinterkopf greift man die Bänder jeweils mit der anderen Hand und zieht sie in Richtung des oberen Endes der mittleren Gitterverstrebung straff.

2

3

3.   An dieser Stelle wird der Griff wieder gewechselt. Die Bänder werden wieder stark angezogen und am Hinterkopf zu einer Schleife gebunden.

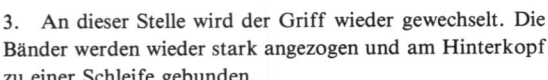

4. Die Schleifenenden müssen gleichlang gezogen werden. Die Men-Polster an den Ohren werden auseinandergezogen, um dadurch eine gute Luftzufuhr zur Ohrgegend zu ermöglichen.

Zuletzt wird der Verlauf der Men-Bänder überprüft, und wenn nötig, korrigiert.

4

Das Anlegen der Kote

I

Nachdem man die Kote-Bänder genügend gelockert hat, werden die Kote angelegt. Hat man die Hand hineingeführt, darf man nicht an den Kotebändern ziehen. Man sorge dafür, daß zwischen Kote und Unterarm ein Luftraum entsteht.

2

Das Zusammenlegen von Keiko-Gi und Hakama

Ein Gebot der Kendo-Ausbildung besagt, daß nach Beendigung einer Aktion sofort die nächste vorbereitet werden muß.

Kleidung und Ausrüstung müssen nach dem Training auf Beschädigungen untersucht, getrocknet und wenn nötig ausgebessert werden. Die Kleidung wird ordentlich und richtig zusammengelegt und auf diese Weise für das nächste Training bereitgehalten.

Wie man das Keiko-Gi richtig zusammenlegt, wird unten beschrieben.

Will man die Kleidung an Ort und Stelle aufhängen, so nehme man einen Kleiderbügel und sorge dafür, daß sie gut trocknet.

A) Zusammenlegen des Keiko-Gi

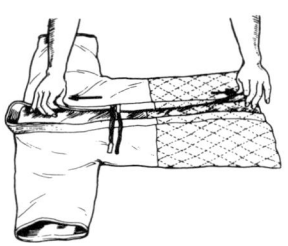

1. Das Keiko-Gi wird, wie in der Abbildung gezeigt, ausgebreitet hingelegt. Die Seitennähte werden geordnet und das Keiko-Gi zurechtgezogen.

1

2. Bis etwa zur Mitte wird die eine vordere Hälfte gefaltet.

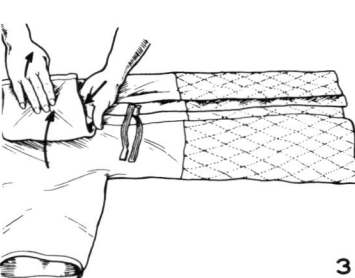

2

3. Der Ärmel wird noch einmal umgeschlagen.

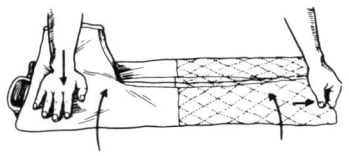

3

4. Die andere Hälfte wird wie in Abb. 2 gefaltet.

4

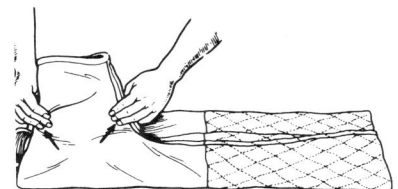

5. Der Ärmel wird dabei in beide Hände genommen.

5

6. Nachdem der Ärmel gefaltet worden ist, legt man die eine Hand etwa 20 cm vom Saum entfernt an und legt das untere Ende um.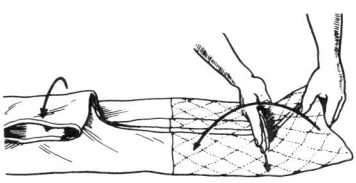

6

7. Der untere Teil wird jetzt zusammengefaltet, indem man ihn erneut unter Anlegen der Hand umlegt.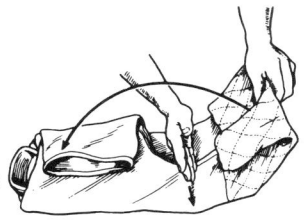

7

8. Nachdem man das Keiko-Gi zusammengelegt hat, wird noch einmal von oben nachgedrückt, damit sich die gefalteten Stellen nicht lockern.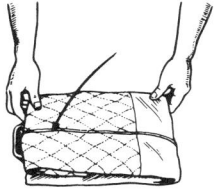

8

B) Zusammenlegen des Hakama

Das Hakama muß zum Trocknen aufgehängt und dann sorgfältig in Falten gelegt werden.

Anhand der Abbildungen wird eine Methode des Zusammenlegens beschrieben:

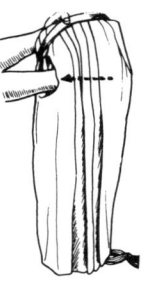

1. Während man mit der linken Hand das Hakama oben erfaßt, führt man die rechte Hand durch die Seitenöffnung, ergreift den Schritt und zieht ihn zu sich hin.
Die vorderen Falten werden grob zurechtgelegt.

I

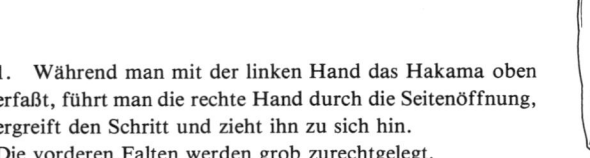

2. Das Hakama wird mit dem vorderen Teil nach unten hingelegt. Die Falten der hinteren Seite und der Saum werden zurechtgelegt.

2

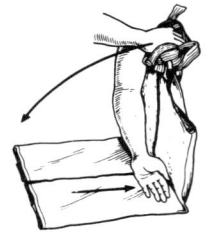

3. Während das Hakama mit der rechten Hand oben gehalten wird, läßt man den linken Handrücken, wie in der Abbildung gezeigt, auf das Hakama gleiten und wendet es auf die andere Seite um.

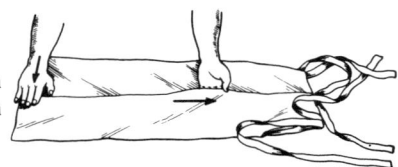

3

4. Die 5 vorderen Falten werden gestrafft und geordnet. Sollten die Falten nicht klar zu erkennen sein, müssen sie neu gelegt werden. Man orientiert sich dabei an der Breite der vom Bänderansatz ausgehenden äußeren Falte und legt von oben nach unten eine neue Falte. Alle Falten müssen parallel zu den Seitennähten des Hakama liegen.

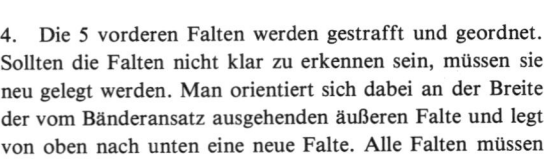

4

5. Man mißt von unten etwa 1/3 der Gesamtlänge ab und bildet mit der rechten Hand - wie die Abbildung zeigt - einen Knick.

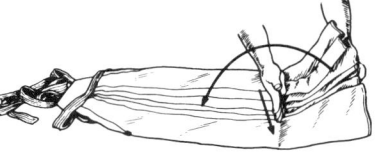

5

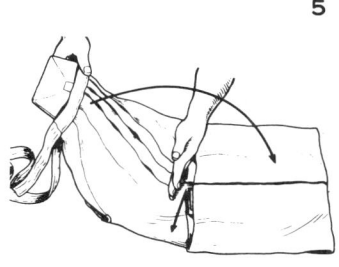

6. Ohne den Faltenlauf zu stören, wird der untere Teil umgeschlagen. Mit der linken Hand wird in 1/3 Länge ein weiterer Knick gebildet.

6

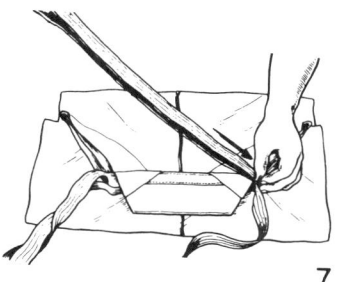

7. Beim Zusammenlegen des Hakama muß die Rückenstütze nach oben zu liegen kommen.
Das linke Vorderband wird wie in der Abbildung einmal gefaltet.

7

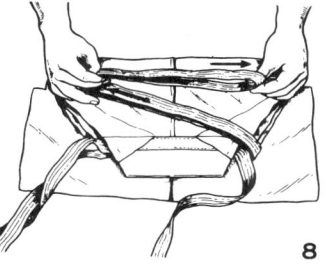

8. Das Band wird noch einmal zur Hälfte geknickt und diagonal hingelegt.

8

9. Das rechte Vorderband wird ebenfalls geviertelt und diagonal hingelegt, so daß ein Kreuz entsteht. Das rechte Hinterband, wie in der Abbildung gezeigt, wird in die Hand genommen.

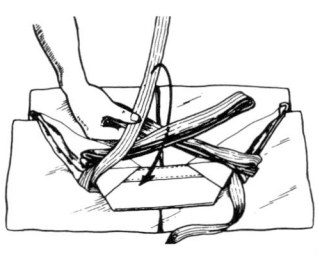

9

10. Man wickelt das Band von oben um die eine Kreuzhälfte und zieht es zur Rückenstütze.

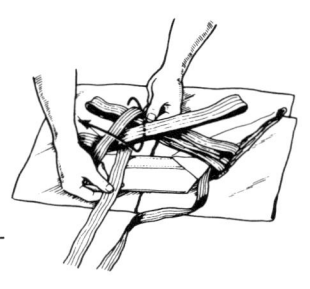

I O

11. Das Band wird dann nach rechts geknickt, so daß es zwischen rechtem und linken Vorderband zu liegen kommt; man wickelt es unter das rechte Vorderband.

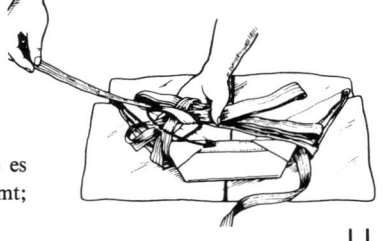

I I

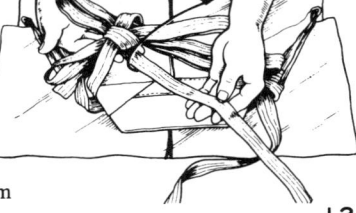

12. Man zieht jetzt das rechte Hinterband unter dem rechten Vorderband in Richtung der Rückenstütze hervor.

I 2

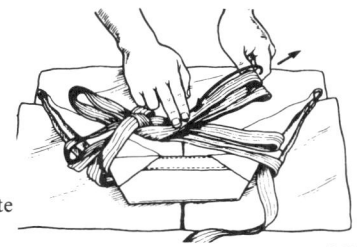

13. Das Bandende wird in die gleiche Länge wie das rechte Vorderband gefaltet und übereinandergelegt.

13

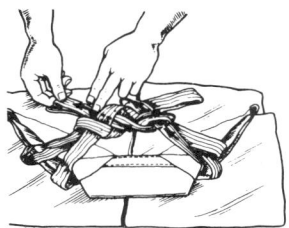

14. Das linke Hinterband wird wie das rechte gefaltet. Das verbleibende Bandende wird ebenfalls gefaltet und, wie die Abbildung zeigt, unter dem rechten Hinterband durchgezogen.

14

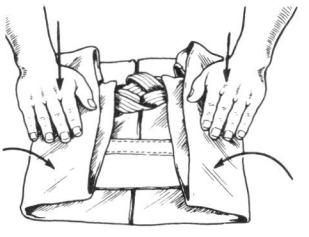

15. Das Hakama wird an der Seite - siehe Abbildung - geknickt.

15

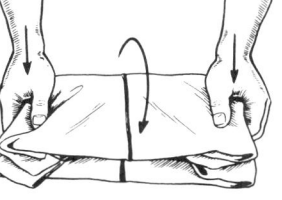

16. Mit der Rückenstütze in der Mitte wird das Hakama noch einmal zur Hälfte geknickt.

16

33

Das Zusammenpacken der Ausrüstung

Lagerung des Shinai
Verfügt man nicht über einen bestimmten Platz, so lege man es an einen gut durchlüfteten Ort, wo man weder auf, noch über das Shinai treten kann.

Verpackung der Rüsting
Je nachdem, wo man die Rüstung lagert, ob
a)   in einem Regal,
b)   an einem Haken, durch Aufhängen oder
c)   Verpacken in einem Sack, unterscheidet sich die Art des Zusammenbindens der einzelnen Teile.
Da es verschiedene Möglichkeiten gibt, die Bänder zu binden, werden im folgenden, den jeweiligen Unterbringungsmöglichkeiten entsprechend, einfache Beispiele zum Zusammenpacken gezeigt.

Lagerung in einem eigens dafür bestimmten Schrank

1.   Die Do-Bänder werden entknotet. Man nimmt das Do an der Unterseite und legt es dann, den oberen Brustschutz zu sich gerichtet, vor sich.

2.   Das Tare lösen und am Gurtteil halten.

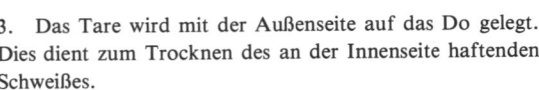

3.   Das Tare wird mit der Außenseite auf das Do gelegt. Dies dient zum Trocknen des an der Innenseite haftenden Schweißes.

34

4. Man nimmt die längeren Do-Bänder, zieht sie leicht zur Mitte und wechselt sie dann jeweils in die andere Hand. Dann schlingt man sie ineinander, so daß sie sich in der Mitte kreuzen.

4

5. Man legt das Do mit der Außenseite nach unten hin und bindet die Bänder zusammen.

5

6. Mit beiden Händen ergreift man jeweils die Tare-Bänder möglichst am Ansatz.

6

7. Diese Bänder werden um die oberen Ecken des Do-Panzers nach innen gewunden. Man achte dabei darauf, die Bänder stramm genug zu ziehen, da sie sonst von den Ecken abrutschen.

7

8. Indem man darauf achtet, daß die Bänder nicht abrutschen, wird das Do umgedreht. Über den gekreuzten Do-Bändern werden die Tare-Bänder zusammengebunden. (Auf diese Weise hat man Do und Tare zusammengebunden.)

8

9. Das Men wird mit dem Gitterteil nach unten in das Do eingebettet. Die Men-Bänder werden in das Men gelegt.

10. Rechts und links vom Men werden die Kote plaziert. Man lege die Kote nicht in das Men, da sie darin nicht gut trocknen können.

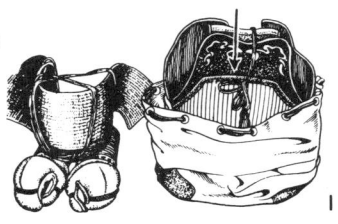

11. Zuletzt werden die kurzen Do-Bänder zusammengebunden.

Die zusammengelegte Rüstung wird in ein Rüstungsregal gelegt. Die Regalfächer sollen sich an einem Platz mit guter Durchlüftung befinden. Sie sollten auch nicht geschlossen, sondern an Vorder- und Rückseite mit einem Drahtnetz versehen sein. Wenn die Kendo-Rüstung nicht Eigenbesitz ist, sondern z. B. der Schule gehört, sollte sie, mit den Men-Stäben nach oben gelagert werden, da hierdurch eine bessere Kontrolle ermöglicht wird.

Zusammenpacken der Rüstung bei Transport in einem Sack

1. Do und Tare werden zusammengepackt, wie es bei der Lagerung in einem Rüstungsregal erklärt wurde.

Die Bänder des Sackes werden gelockert und der Sack weit geöffnet. Do und Tare werden so hineingestellt, daß beim Transportieren der Rüstung auf dem Rücken, die Innenseite des Do auf dem Rücken zu liegen kommt.

2

2. Die Kote werden in das Men gelegt, das Men mit den Stäben nach unten, wie die Abbildung zeigt, in die Innenseite des Do. Keiko-Gi und Hakama werden zwischen Do und Men gelegt.

3

3. Durch Zusammenziehen der Sackbänder wird dieser geschlossen. Sind die Bänder zu lang, binde man sie an passender Stelle zusammen. Durch die Bänderöse wird das in einer Stoffhülle verpackte Shinai durchgesteckt.

4

4. Wie in der Abbildung gezeigt, wird die Rüstung auf dem Rücken getragen. Benutzt man öffentliche Verkehrsmittel, so achte man darauf, die Fahrgäste nicht zu belästigen. Man stelle den Sack vor sich auf den Boden und nehme das Shinai in die Hand.

Noch nicht getrocknete Teile lasse man nicht im Sack, sondern nehme sie auf alle Fälle heraus und lasse sie trocknen!

Pflege und Reparatur der Ausrüstung

Pflege des Shinai

Durch die heftigen Kämpfe wird dieser Teil der Ausrüstung am schnellsten beschädigt. Schlägt man mit dem Shinai auf die Men-Streben, so bricht es oft oder splittert ab. Auch kommen oft vor: Bildung eines Loches im Sakigawa, Riß und Erschlaffung des Nakayui oder des Tsuru. Da die Schäden leicht ausgebessert werden können, sollten Shinai und Rüstung immer **rechtzeitig** gepflegt **und** repariert werden, um Verletzungsgefahren vorzubeugen.

Festbinden von Sakigawa und Tsuru

1. Wie in der Abbildung gezeigt wird, führt man das Tsuru durch die Ösen im Sakigawa und zieht Teil A ca. 5 cm hervor.

2. Mit Teil B bildet man eine Schlaufe.

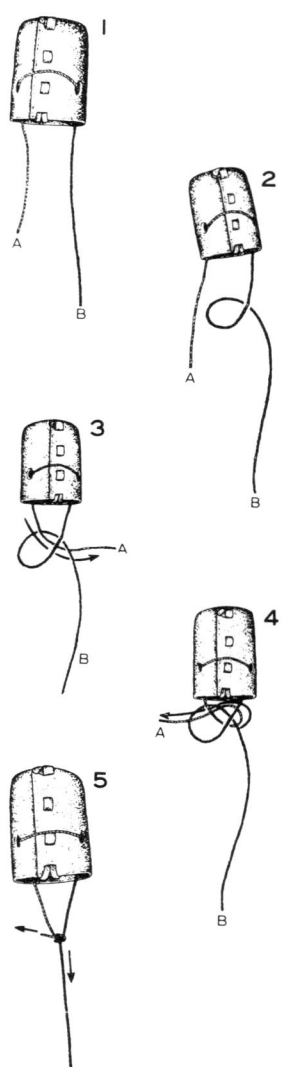

3. Teil A wird durch die Schlaufe von Teil B von oben nach rechts durchgezogen.

4. Wie in der Abbildung wird Teil A noch einmal von unten durch die Schlaufe gezogen.

5. Während man das Ende von Teil A in die linke Hand nimmt, zieht man mit der rechten Hand an Teil B, so daß ein fester Knoten entsteht. Der Knoten soll ca. 2 bis 3 cm vom Sakigawa entfernt liegen.

Festbinden von Tsukagawa und Tsuru

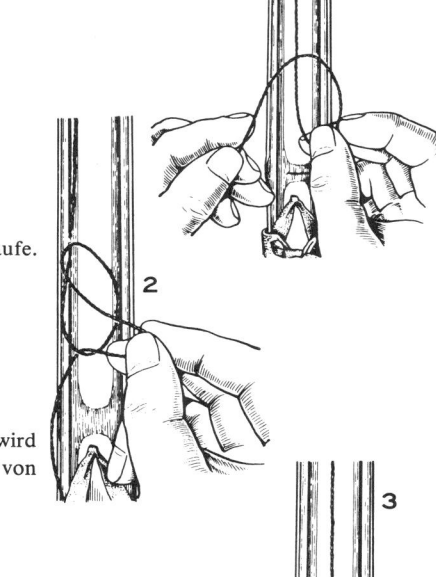

1. Man bildet - siehe Abb. - mit dem Tsuru eine Schlaufe.

2. Der in der linken Hand gehaltene Teil des Tsuru wird durch die von der rechten Hand gehaltene Schlaufe von unten durchgezogen.

3. Der durchgezogene Teil wird in die rechte Hand genommen. Durch Ziehen am Tsuru mit der linken Hand wird die zuerst gebildete Schlaufe zu einem Knoten zusammengezogen, während man dafür sorgt, daß der in der rechten Hand gehaltene Teil eine Schlaufe bildet. Der in der Abbildung bezeichnete Punkt C soll ca. 10 cm vom Tsukagawa entfernt sein.

4. Das mit dem Buchstaben D bezeichnete Tsuru-Ende wird unter der mit Punkt E bezeichneten Stelle des Tsukagawa und dann nochmals durch die Tsuruschlaufe hindurchgezogen, so daß die Schlaufe etwa an die Stelle E des Tsukagawa reicht.

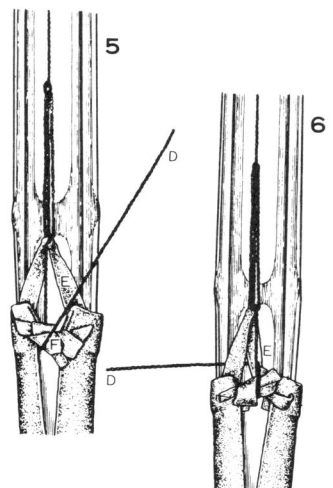

5. Das Tsuru-Ende D wird von unten durch den mit Punkt F bezeichneten Teil des Tsukagawa durchgezogen und festgespannt.

6. Ohne Teil D zu lockern, wird es von unten um Punkt E des Tsukagawa nach links durchgezogen.

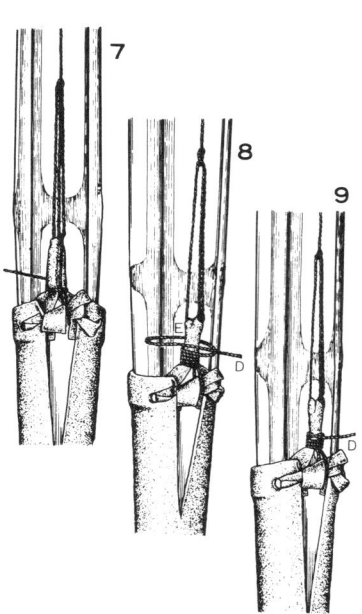

7. Teil D wird weiterhin gespannt und nochmals um Punkt E gewunden.

8. Wie in Abb. 7 wird das Tsuru-Ende D so lange um Punkt E gewickelt, bis nur noch ein kleines Ende übrigbleibt, das unter der letzten Umwindung durchgezogen wird.

9. Damit sich der umwickelte Teil nicht löst, zieht man zuletzt noch einmal kräftig an dem Tsuru-Ende.

Das Binden des Nakayui-gawa

Zwei Lederarten werden für ein Shinai verwendet. Das billigere von beiden heißt Tokogawa (Rauhleder) und ist beiderseitig rauh. Von guter Qualität ist das sogenannte Gintsuki-gawa (Chromleder), ein teures aber widerstandsfähiges Material.

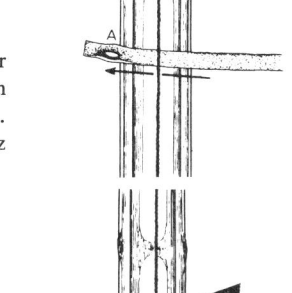

1. Die Nakayui-Seite mit der Einkerbung (A) wird in der Abb. unter das Tsuru gezogen. Bei Verwendung von Chromleder nehme man die rauhe Oberfläche nach außen. In den folgenden Abbildungen bedeutet das Schwarz gezeichnete die glatte Unterseite.

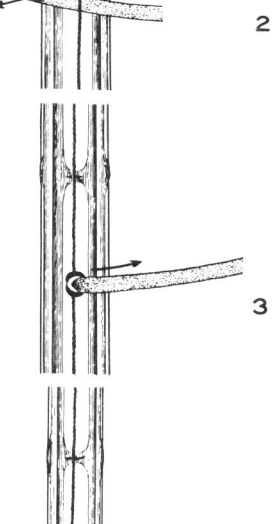

2. Punkt B, das Ende der Unterseite des Nakayui, wird, wie in der Abbildung, durch die Einkerbung gezogen.

3. Der durchgezogene Teil wird straffgezogen und umwickelt so das Tsuru. Das Nakayui soll ca. 30 cm vom Kensen (Shinai-Spitze) entfernt gebunden sein.

4. Als erstes wird das Nakayui nun um das Shinai gebunden.

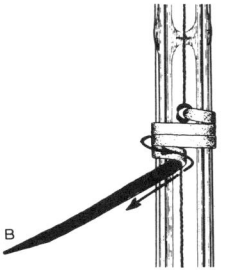

5. Nach dem selben Prinzip wird es insgesamt 3-mal herumgewickelt. Dann wird das Nakayui-Ende, wie in der Abbildung, unter das Tsuru nach links gezogen.

5

6

6. Teil B wird jetzt nach oben gekehrt, um das Tsuru gewunden und unter Punkt C stramm durchgezogen.

7

7. Teil B wird ferner von rechts unten um das Tsuru gewunden und unter Punkt D durchgezogen.

8

8. Zuletzt wird Teil B fest zurechtgezogen und der übriggebliebene überflüssige Teil abgeschnitten.

Reparaturwerkzeug

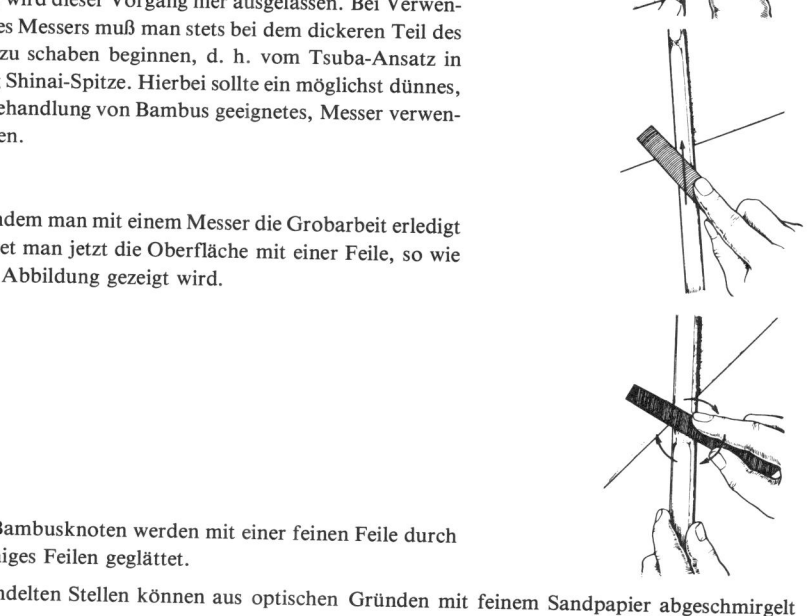

Reparaturen von Rüstung und Shinai können mit einfachen, überall erhältlichen Werkzeugen, durchgeführt werden.

Die Beseitigung von schadhaften Stellen des Shinai

1. Wenn bei neuangeschafften Shinai die Balance nicht stimmt und man das Gewicht verringern möchte, oder sich während des Trainings Splitter bilden, dann nehme man ein Federmesser (oder ein anderes geeignetes Messer), mit dem man die Grobarbeit erledigen kann. Um ein extrem schweres Shinai leichter zu machen, müssen die Shinai-Streben abgehobelt werden. Da man hierbei jedoch Erfahrung benötigt, wird dieser Vorgang hier ausgelassen. Bei Verwendung eines Messers muß man stets bei dem dickeren Teil des Bambus zu schaben beginnen, d. h. vom Tsuba-Ansatz in Richtung Shinai-Spitze. Hierbei sollte ein möglichst dünnes, für die Behandlung von Bambus geeignetes, Messer verwendet werden.

2. Nachdem man mit einem Messer die Grobarbeit erledigt hat, glättet man jetzt die Oberfläche mit einer Feile, so wie es in der Abbildung gezeigt wird.

3. Die Bambusknoten werden mit einer feinen Feile durch kreisförmiges Feilen geglättet.

Die behandelten Stellen können aus optischen Gründen mit feinem Sandpapier abgeschmirgelt werden.

Zuletzt behandelt man das reparierte Shinai mit einem in Pflanzenöl getauchten Tuch, wodurch das Shinai widerstandsfähiger und haltbarer wird. Der Gebrauch von Hartwachs wird nicht empfohlen. Wachs könnte sich während des Trainings vom Shinai lösen und auf die Trainings-fläche fallen - Rutschgefahr!

Die Befestigung der Lederschlaufe für das Men-Himo
Es gibt zwei Möglichkeiten die Men-Bänder anzubringen. Für Fortgeschrittene ist die erste Methode geeignet, für Anfänger und Kinder die zweite.

A)
1. Ein widerstandsfähiges Stück Leder wird in eine Länge von ca. 40 cm und eine Breite von ca. 2 cm geschnitten. Von den beiden Enden etwa 1,5 cm entfernt wird noch jeweils ein Längsschnitt von etwa 4 cm, der zur Befestigung der Men-Bänder dienen soll, angebracht.

2. Wie man der Abbildung entnehmen kann, wird das Leder V-förmig geknickt und an der Knickstelle mit einem Längsschnitt (C) von ca. 4 cm versehen.

3. Das Leder wird unter den oberen Teil des mittleren senkrechten Eisenstabes gezogen.

4. Das Lederende (A) wird durch den Schnitt (C) gezogen.

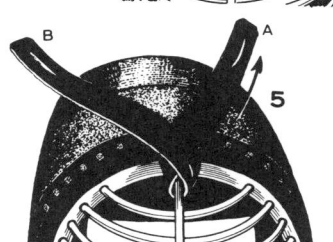

5. Man zieht so lange an dem Lederstück, bis es das Metall fest umschlingt.

44

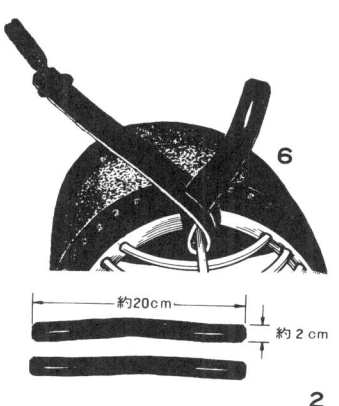

6. Die Men-Bänder werden jeweils durch die Schnitte A und B gezogen.

B)

1. Ein kräftiges Lederstück wird in eine Länge von 20 cm und eine Breite von 2 cm geschnitten. Von beiden Enden etwa 1,5 cm entfernt wird ein ca. 4 cm langer Längsschnitt angebracht. Man bilde nun zwei Lederschlaufen.

2. Die Lederschlaufe muß um den fünften Querstab von unten gelegt werden. Beide Enden lege man aufeinander. Die Men-Band-Schlaufe führe man durch die Ösen der Lederschlaufe, so wie es in der Abbildung gezeigt wird.

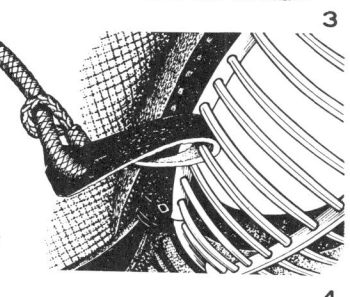

3. Das andere Ende des Men-Bandes ziehe man durch die Men-Band-Schlaufe.

4. Beide Lederenden werden in die Men-Band-Schlaufe gesteckt und durch straffes Ziehen am Men-Band befestigt. Das Befestigen von Men-Band und Do-Band an der Lederschlaufe geschieht auf gleiche Weise.

Das Befestigen einer neuen oberen Do-Lederschlaufe

1. Hierfür benötigt man nicht unbedingt ein zusammengenähtes Stück Leder, ein einfaches reicht aus; es muß eine Länge von ca. 30 cm haben.

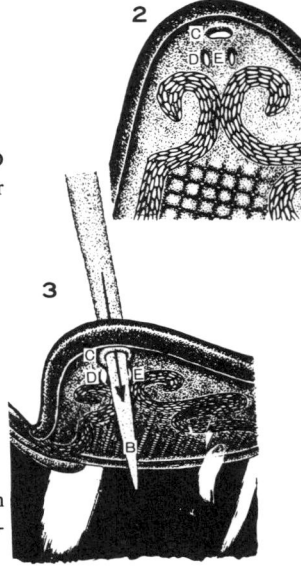

2. In der Abbildung kennzeichnen die Buchstaben C, D und E die Löcher am Do, die zum Durchziehen der Lederschlaufe notwendig sind.

3. Von der Innenseite des Do wird durch das Loch C der in der Abb. mit B markierte Teil des Lederendes durchgezogen.

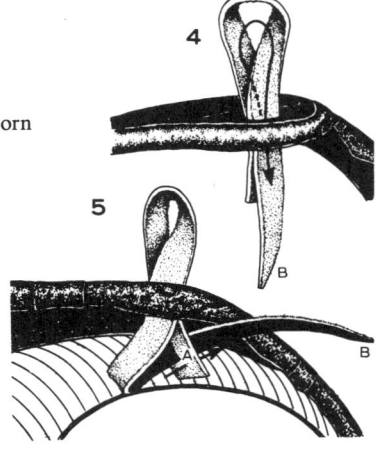

4. Das Lederstück wird geknickt und nochmals von vorn durchgesteckt.

5. B wird durch die Einkerbung A gezogen.

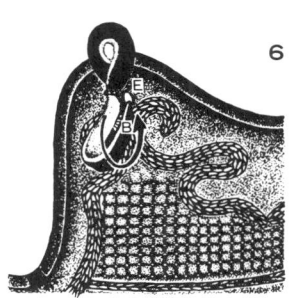

6. B wird von der Rückseite durch Loch D gezogen und dann von vorn durch Loch E gesteckt.

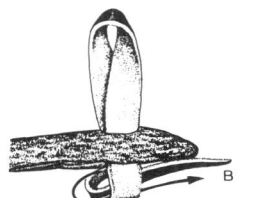

7. In Abbildung 5 entstand durch das Durchziehen von Teil B durch die Einkerbung A eine Schlaufe. Der durch Loch E - in Abb. 6 - gezogene Teil D erscheint jetzt auf der Rückseite und wird durch die oben in Abb. 5 entstandene Schlaufe geführt.

8. Man zieht jetzt fest an der Schlaufe und schneidet den Rest von Teil B ab.

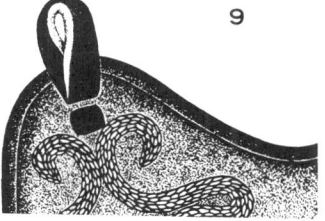

9. So sieht die vollständig befestigte obere Lederschlaufe am Do aus.

Das Befestigen der seitlichen Do-Lederschlaufe

I. Methode

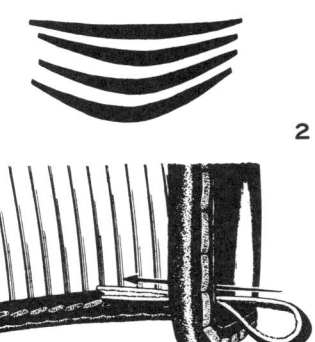

1. Wie man aus Abb. 1 ersehen kann, müssen diese Leder-
stücke, bogenförmig auf eine Länge von ca. 20 cm
zugeschnitten werden. Die Enden sollen schmaler sein.

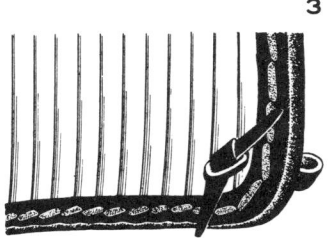

2. Beide Enden werden gleichzeitig von vorn durch das
Do-Loch gezogen.

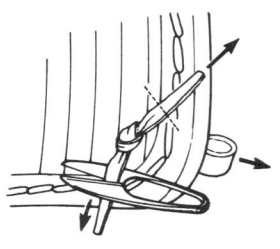

3. Hinten werden die Enden einmal zusammengebunden.
Dann zieht man kräftig an der Schlaufe.

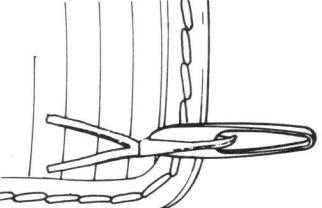

4. Der Knoten muß festgezogen werden, damit er sich
nicht lösen oder durch das Loch schlüpfen kann. Die
überflüssigen Enden werden abgeschnitten.

II. Methode

1. Die beiden gleichzeitig von vorn durchgesteckten Lederenden werden jeweils der Länge nach halbiert.

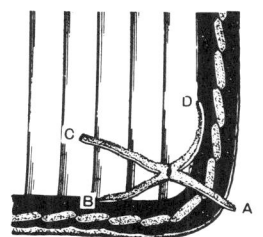

2

2. Es entstehen hierdurch 4 Enden, die in der Abbildung mit den Buchstaben A, B, C und D versehen sind.

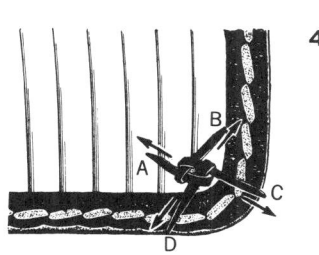

3

3. A wird geknickt, darüber C und hierüber D. Das C-Ende wird durch die entstandene A-Schlaufe gezogen.

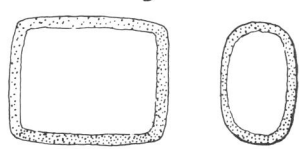

4

4. Durch gleichmäßiges Ziehen an allen vier Enden entsteht ein fester Knoten. An der auf der Vorderseite entstandenen Schlaufe wird fest gezogen. Zuletzt werden die überflüssigen Enden abgeschnitten.

Reparaturen am Innenleder schadhafter Kote

Zwar kann man selbst nicht das gesamte Innenleder des Kote erneuern, aber kleinere Schäden, wie beispielsweise Fingerlöcher lassen sich mit weichem Leder ausbessern. Dies wird im folgenden erklärt:

Die schadhafte Stelle wird ein wenig ausgeschnitten. Die Schnittflächen sollen (siehe Abb.) schräg sein. Nachdem die Kote gut getrocknet sind, reibt man die Innenflächen mit Sandpapier ab. Die Innenfläche und das Ersatzleder werden mit geeignetem zähem Klebstoff bestrichen und zusammen gefügt. Nach einem Tag sind beide Flächen fest verbunden.

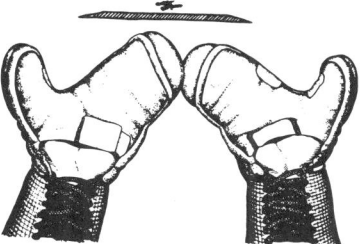

Das Binden der Kote-Bänder

Die Kote-Bänder werden durch am Kote vorhandene Löcher gezogen. Die Länge der Bänder hängt von der Anzahl der Löcher ab. Dazu folgende Richtlängen für Kote-Bänder:

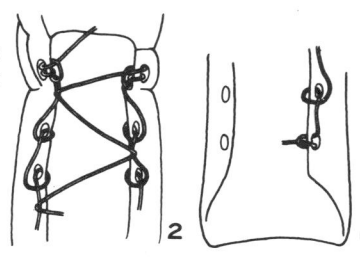

7 Löcher - 80 cm
8 Löcher - 90 cm
9 Löcher - 110 cm

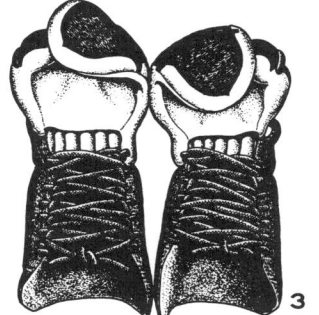

Der oberen Tabelle entsprechend sind zwei Bänder für die eigenen Kote vorzubereiten. Die Bänder werden durchgezogen, wie es in den Abbildungen 1 bis 3 gezeigt wird.

Verhütung von Unfällen durch mangelhafte Kleidung und Ausrüstung

Bei heftigem Training läßt sich die Möglichkeit von Unfällen nicht ganz vermeiden. Beim Sport werden Bewegungen, die eine größere Gefahr hervorrufen könnten, oder auch der Gebrauch von gefährlichen Ausrüstungsgegenständen durch Vorschriften verboten, während kleineren (Über-lastungs-) Gefahren mit regelmäßigem, häufigem und hartem Training vorgebeugt wird.

Zum Kendotraining werden eine Vielzahl von Ausrüstungesgegenständen und Einrichtungen benötigt, so daß neben wiederholtem Trainieren der einzelnen Übungen, Kontrolle und Instand-setzung von Ausrüstung und Übungshalle eine unvermeidliche Notwendigkeit zur Vermeidung von Unfällen bildet.

Auch wird bei einer Kampfsportart das Verlieren eines Kampfes durch schadhafte Ausrüstung oder das Beibringen einer Wunde, als Schande betrachtet. Es ist daher wichtig, die obengenannten Voraussetzungen zu erfüllen.

Im folgenden werden die Punkte zur Verhütung von Unfällen, durch mangelhafte Kleidung bzw. Ausrüstung aufgezählt:

Keiko-Gi

Man benutze nur Keiko-Gi mit Brustbändern und vergesse nicht, diese auch zu binden.

Hakama

Man vermeide das Tragen von Hakama, die zu lang sind, d. h., deren Saum auf dem Boden schleift, oder die gerissen sind. Dasselbe gilt für den Gebrauch von Trainingshosen.

Shinai

Man vermeide die Benutzung von Shinai mit folgenden Mangelerscheinungen:
- Riß von Sakigawa oder Tsukawa,
- schlaff gewordene Tsuru oder Nakayui,
- Bruch von Bambusstäben,
- Befall durch Schädlinge

Man benutze Shinai, die - siehe Abb. - mit einem Eisenplättchen, zum Halt der vier Streben, versehen sind. Dieses Eisenplättchen (Tomegane) dient zur Vorbeugung vor Verletzungen durch das Hervorspringen einer der vier Bambusstreben, die dann unter Umständen die Men-Gitterverstrebung des Partners durchdringen und ihn verletzen könnten.

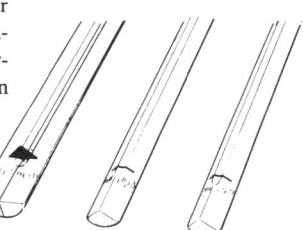

Kendo-Rüstung

Men:

Bruch der Menstäbe. Insbesondere wird auf den Bruch des von der Polsterung verdeckten oberen Teiles aufmerksam gemacht. Ferner benutze man kein Men, von dem sich das Tsuki-Tare gelöst hat.

Kote:

Man benutze kein Kote, dessen Innenleder gerissen ist, oder dessen Handschuhrücken nicht gepolstert ist.

Do:

Man benutze kein Do mit gebrochenen Bambusplatten an der Innenseite und kein Do mit gerissenen Bändern.

Tare:

Man benutze kein Tare mit schadhaften Gurt-Bändern oder Beschädigungen an Mittel- und Seitenschurz.

Kendo - Grundlagen

Haltung

Shizentai

Kendo beginnt mit der Aneignung der korrekten Haltung. Hieraus entwickelt sich die korrekte Kamae (Bereitschafts-) - Position und somit die richtige geistige Haltung. Die korrekte Körperhaltung muß so sein, daß sie mühelos das Ausführen schneller und sicherer Bewegungen ermöglicht und sowohl stabil und ausdauernd als auch korrekt-ästhetisch ist.

Diese Körperhaltung wird Shizentai (natürliche Bereitschafts- oder Grundstellung) genannt.
Die Shizentai-Haltung wird aufgegliedert in:
Shizen-Hontai = natürliche Hauptgrundstellung
Migi-Shizentai = rechte natürliche Grundstellung
Hidari-Shizentai = linke natürliche Grundstellung.

Shizen-Hontai

Die Füße werden ein wenig gespreizt, und das Körpergewicht gleichmäßig auf beide Füße verteilt. Die Knie werden geringfügig gelockert und der Rücken korrekt gestreckt. Etwas Kraft wird in den Unterkörper gelegt und die Hüfte gestreckt.
Die Schultern werden gelockert und gesenkt, das Kinn angezogen, der Kopf wird aufrecht gehalten und die Augen nach vorn gerichtet.

Migi- (Hidari-) Shizentai

Aus der Shizen-Hontai-Position wird der rechte (linke) Fuß um etwa eine Fußbreite nach vorn gesetzt.

Metsuke (WAHRNEHMEN)

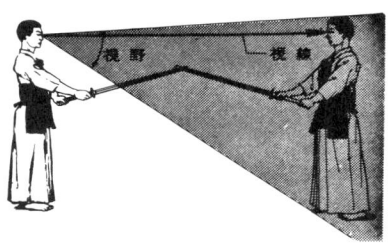

Beim Kendo ist es sehr wichtig, jede innere und äußere Bewegung des Gegners sofort wahrzunehmen. Das geschieht sowohl durch optische als auch durch intuitive Wahrnehmung.

Miyamoto Musashi belehrt uns in seinem Werk "Gorin no Sho" über die Wichtigkeit des Wahnehmens:

Der Blick ist unmittelbar auf die Augen des Gegners gerichtet, wobei das weite Blickfeld den Gegner vom Kopf bis zur Fußspitze einschließen soll. Man überschaue mit einem Blick den Gegner, als wolle man einen Berg in der Ferne fixieren, und hefte den Blick keinesfalls nur auf eine Stelle. Fixiert man die Stellen, die man angreifen möchte, so bedeutet das so viel, wie sie dem Gegner anzukündigen. Deshalb bewege man seine Augen nicht. Hält man die Augen oder das Shinai unruhig, muß besonders scharf auf Maai und Kikai (Gelegenheit) geachtet werden.

Die Etikette

So wie sogar sprichwörtlich gesagt wird "Kendo beginnt mit der Begrüßung und endet mit dem Abgrüßen", so muß auch die Kendo-Etikette befolgt werden. Nicht allein aus traditionellen Gründen, sondern auch weil Kendo eine Kampfsportart ist - den Bewegungen müssen Grenzen gesetzt und diese eingehalten werden.

Der Gegner soll nicht vernichtet werden, sondern es soll stets mit dem Gefühl der Achtung und des Dankes ihm gegenüber trainiert werden. Denn durch ihn wird die eigene Ausbildung unterstützt, und darüberhinaus ist er ein Sport**freund**.

Auch dem Dojo gegenüber, bzw. dem Ort, wo man seine Ausbildung - auch im Hinblick auf ein gesundes Selbstbewustseins - erhält, ist es notwendig, stets die Etikette zu wahren. Hiermit ist nicht allein die Begrüßung gemeint, sondern man behandele auch die Ausrüstung vorsichtig und trete vor allem nicht über die Ausrüstung anderer. Die eigene Rüstung lege man an einen Ort, wo andere nicht darüber hinwegsteigen müssen.

Da im Dojo Sitz- und Standbegrüßung vorkommen, erlerne man beides.

Begrüßung im Sitzen
Wie man sich setzt

Aus der Shizen-Hontai-Position werden die Knie gebeugt, so daß man sich knien kann.

Die Knie hält man etwa zwei Faustbreiten auseinander, ordnet die großen Zehen nebeneinander oder legt sie leicht aufeinander und senkt jetzt das Gesäß auf beide Fersen. Das Shinai wird mit dem Tsuba auf Kniehöhe an die linke Seite gelegt.

Den Kopf hält man korrekt aufrecht, die gelockerten Schultern werden nach hinten gestreckt, das Kreuz wird durchgedrückt, der Unterleib etwas angespannt und beide Hände auf die Oberschenkel gelegt.

Wie man sich verbeugt

Beide Hände werden so auf den Boden gelegt, daß Daumen und Zeigefinger beider Hände ein Dreieck bilden. Der Oberkörper wird nach vorn gesenkt, so daß der Kopf über dem Dreieck ruht. Einen kurzen Moment behält man diese Haltung bei und geht dann wieder in die ursprüngliche Position zurück.
Bei der Verbeugung darf das Gesäß nicht angehoben werden.

Begrüßung im Stehen
Wie man das Shinai senkt

Während das Tsuru-Band zu Boden gerichtet ist ergreift man das Shinai mit der linken Hand am Tsubamoto und senkt es, so daß das Tsuka nach vorn gerichtet ist und die Shinai-Spitze etwas tiefer nach hinten.

Taito-Regel

Den linken Ellenbogen angewinkelt, das Shinai hinten um ca. 45 Grad gesenkt wird die linke Hand bei unveränderter Körperhaltung an die Hüfte gelegt.

Wie man sich im Stehen verbeugt

Mit gestrecktem Oberkörper beugt man sich ca. 30 Grad vor, wobei der Blick ganz natürlich gesenkt wird und sich auf den Boden richtet.

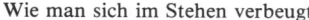

KAMAE (Grund- und Bereitschaftsstellungen)

Unter "Kamae" versteht man die Position, die es einem ermöglicht, sowohl den Gegner anzugreifen, als auch seinem Angriff entgegenzuwirken. Das Kamae setzt sich zusammen aus der sichtbar werdenden Körperhaltung und der unsichtbaren geistigen Bereitschaft. Erst durch das ständige Zusammenwirken dieser beiden Komponenten kann man von einer vollkommenen Kamae-Position sprechen.
Es gibt unter anderem folgende Kamae-Arten: Chudan-, Jodan- und Gedan-no-Kamae. etc. Es gibt auch solche, die beim heutigen Shinai-Kendo nicht mehr angewendet werden.
Chudan - no - Kamae (Kampfbereite Haltung - Shinai in Körpermitte)
Diese Position ist für Angriff und Abwehr geeignet, daher wird diese Grundstellung in der Regel zuerst gelehrt.

Die korrekte Fußstellung

Die Fußhaltung muß so sein, daß in stabiler Körperhaltung nach allen Richtungen eine schnelle Fortbewegung gewährleistet ist.

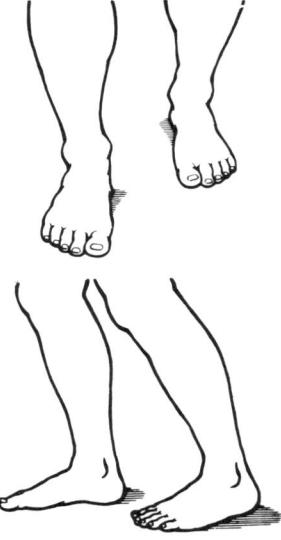

Die Zehen werden zuerst korrekt nach vorn gerichtet, dann stellt man die Füße parallel nebeneinander (Abb. 1). Der rechte Fuß rückt um eine Fußbreite nach rechts (Abb. 2).

1

2

3

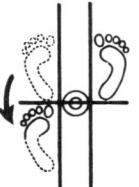

Als nächstes wird die rechte Ferse auf eine Höhe mit den Zehenspitzen des linken Fußes gebracht (Abb. 3). Die linke Ferse wird ein wenig angehoben. Das Gewicht wird gleichmäßig auf beide Füße verteilt (siehe Kreiszeichen in Abb. 3), die Knie sind etwas gelockert.

Die unkorrekte Fußhaltung

Die Abbildungen zeigen unkorrekte Fußhaltungen, die sich sehr leicht einschleichen. Da sie sich auf die Bewegungen und das Kamae negativ auswirken, achte man darauf, sie sich keinesfalls anzueignen:

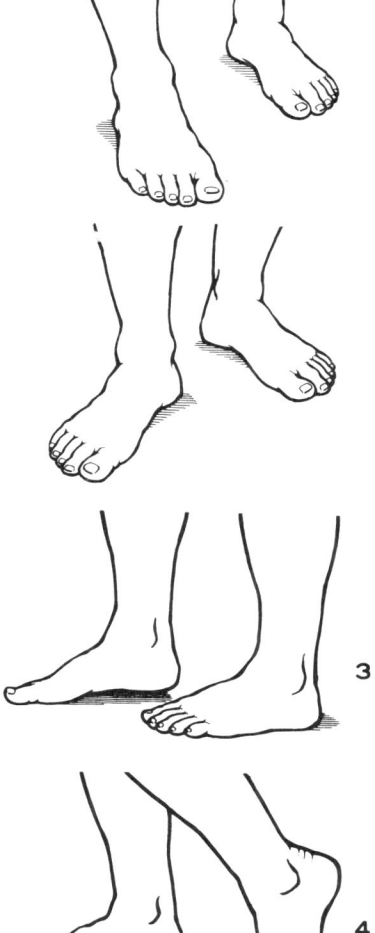

1. Die Fußspitzen beider Füße zeigen nach links. Dies hat zur Folge, daß der Oberkörper einseitig - in diesem Fall nach links - gerichtet ist. Diese Haltung hindert daran, dem Gegner korrekt entgegen zu treten.

2. Beide Fußspitzen zeigen jeweils nach außen, die linke Ferse ruht auf dem Boden. Diese Fußstellung gewährleistet keine schnellen Bewegungen und keine genügende Sprintkraft.

3. Die rechte Ferse ist angehoben, während die linke am Boden haftet. Dadurch wird das Körpergewicht allein auf den linken Fuß verlagert, was ebenfalls das Ausführen blitzschneller Bewegungen verhindert.

4. Durch zu starkes Anheben des linken Fußes stützt sich fast das ganze Körpergewicht auf den rechten Fuß.

Die korrekte Position des Shinai

1. Das Shinai wird mit dem Tsuru nach oben, und der Shinai-Spitze auf die Kehle des Gegners gerichtet gehalten. Die linke Hand ergreift das Shinai auf der Längsachse des Körpers, ca. eine Faustbreite entfernt vom Unterleib. Die rechte Hand umschließt das Shinai etwas vor dem Tsuba.

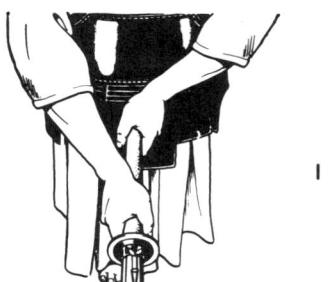

2. Das Shinai wird so gehalten, daß die verlängerte Mittellinie bzw. die Shinai-Spitze zwischen die Augen des Gegners gerichtet ist.

Das korrekte Halten des Shinai

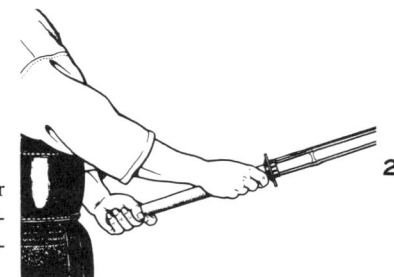

1. Das Shinai wird so gehalten, daß die verlängerte Linie des Tsuru genau zwischen Daumen und Zeigefinger beider Hände verläuft; es wird von den äußeren drei Fingern beider Hände festgehalten.

2. Daumen und Zeigefinger umschließen das Shinai nur locker. Zwischen Tsuka und Handfläche darf kein Hohlraum entstehen. Der kleine Finger der linken Hand umschließt das Tsuka-Ende.

58

3.   Die rechte Hand wird genauso wie die linke um das Shinai gelegt - auch hier wird das Shinai von oben mit Daumen und Zeigefinger locker umfaßt. Die drei übrigen Finger umklammern das Shinai sanft, ein wenig unterhalb des Tsuba.

Beide Hände halten das Shinai leicht nach innengedreht, als wolle man ein Tuch nach innen auswringen.

3

Das Halten mit der linken Hand

Die Fingerspitzen der linken Hand müssen zu den Füßen des Gegners zeigen. Aus dieser Position wird das Tsuka umschlossen.
Es ist wichtig, diese Griffpositionen korrekt zu erlernen, da sich richtiges aber auch falsches Halten des Shinai mit der linken Hand stets auf die verschiedenen Techniken im Kendo positiv oder negativ auswirkt.

Achtung!

Bei der Chudan-Position muß sich die linke Hand stets auf der Mittellinie befinden, ganz gleich ob es sich um eine Aufwärts- oder Abwärtsbewegung oder einen Angriff handelt.

Unkorrektes Halten des Shinai

1.   Aufgrund eines zu großen Kraftaufwandes in Daumen und Zeigefinger beider Hände entsteht zwischen Handfläche und Tsuka ein Hohlraum, auch ist die Position der linken Hand zu tief.
Da bei einem derartigen Halten das Kensen steigt, kann man den Gegner nicht genügend "unter Druck" setzen.

2. + 3.   Die Spanne zwischen Daumen und Zeigefinger liegt nicht genau auf der Oberseite des Shinai. Dadurch wird nicht nur der Angriff mit korrektem Tenouchi verhindert, sondern man läßt das Shinai auch leicht fallen, wenn es vom Gegner beiseite geschlagen wird.

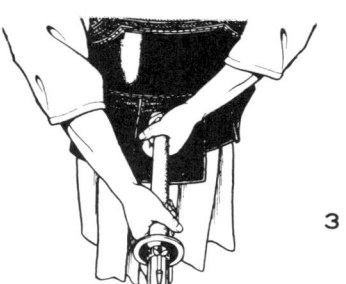

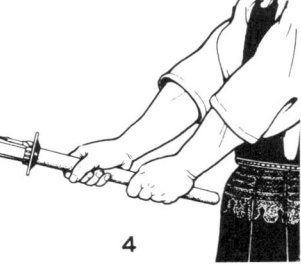

4.   Sind beim Halten des Shinai die Hände sehr angespannt und der Abstand beider Hände voneinander zu klein, so ist die Griffposition nachteilig. Wird nämlich das Shinai vom Gegner beiseitegeschlagen oder niedergedrückt, wird das Kamae leicht aus der Form gebracht.

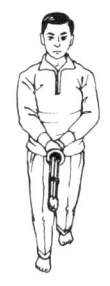

Korrektes Beugen der Ellenbogen

Die Ellenbogen dürfen weder zu stark angewinkelt noch zu stark gestreckt werden.

Inkorrektes Beugen der Ellenbogen

a) **Zu starkes Beugen:** In diesem Fall kann keine nach vorn gerichtete Angriffsbewegung unternommen werden.

b) **Zu starkes Strecken der Ellenbogen:** In diesem Fall kann man dem Angriff oder einer veränderten Position des Gegners schwer entgegenwirken.

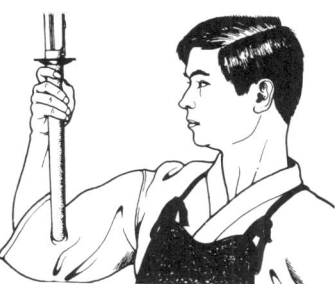

Länge des Tsuka

Den angemessenen Greifabstand des Shinai hat man dann, wenn - wie die Abbildung zeigt - beim Umfassen des Shinai mit der rechten Hand, das Tsuka-Ende an das Ellenbogengelenk reicht.

Auflösen des Kamae

Das Kensen wird aus der Chudan-Position schräg nach rechts gesenkt und somit vom Gegner entfernt.

JODAN-no-KAMAE (Kampfbereite Haltung - Shinai in vollendeter Aufwärtsbewegung)
Mit dem Jodan-no-Kamae kann man aus großem Abstand schlagen. Ferner wirkt es sich beim Angriff vorteilhaft aus, daß die Aufwärtsbewegung wegfällt. Da man jedoch die eigenen Treffstellen dem Gegener bloßlegt, ist es im Hinblick auf die Verteidigung ein unvorteilhaftes Kamae. In letzter Zeit ist die Zahl der Kämpfer, die mit Jodan-no-Kamae kämpfen, angestiegen. Aus diesem Kamae greift man den Gegner unmittelbar und offen an. Um den Gegner "von oben" zu bezwingen, benötigt man in ausreichendem Maße Mut und Persönlichkeit.
Da das Shinai oft mit einer Hand gehandhabt wird, muß dafür gesorgt werden, daß man auch mit einer Hand das Shinai fest ergreifen und schlagen kann. Auch muß die Fußbewegung, die von der bei Chudan-no-Kamae abweicht, gut trainiert werden.
Es gibt hierbei verschiedene Kamae-Formen, die mit den bisher üblichen Benennungen nicht mehr zu erfassen sind.
In diesem Buch hat man sich dazu entschlossen, erstmals die verschiedenen Benennungen in einer Tabelle aufzuführen. Bis jetzt wurden die Benennungen mit den Wörtern "MIGI" (rechts) oder "HIDARI" (links) stets nach dem rechten oder linken vorstehenden Fuß unterschieden. In diesem Buch liegen jedoch den unterschiedlichen Benennungen von "rechts" oder "links" die Griffposition der Händen zugrunde, d. h. es wurde nach der Hand, die das Endstück des Tsuka umfaßt, unterschieden.

Dies bedeutet also, daß die bis jetzt üblichen Benennungen "Hidari-Morote (-beide Hände-)-Jo-dan" und "Migi-Morote-Jodan" in diesem Buch **beide** unter dem Begriff "Hidari-Morote-Jo-dan" zusammengefaßt werden, wobei man dieses Kamae einmal mit rechtem Fuß vorn oder mit dem linken Fuß vorn einnehmen kann.
Die Benennungen bei der Nihon-Kendo-Kata folgen ebenfalls dieser neuen Klassifikationsregel. Um Verwirrungen beim Lesen zu vermeiden, sind die bisherigen Bezeichnungen in Klammern ( ) vermerkt, während die allgemein häufig benutzten Kamae-Positionen mit dem Zeichen * versehen wurden.

Jodan-no-Kamae

HIDARI-JODAN (linke Hand vorn)		MIGI-JODAN (rechte Hand vorn) -- in den bisherigen Bezeichnungen nicht vor- handen --	

Morote =
beide Hände
	* linker Fuß vorn (Hidari-
	   Morote-Jodan)
	* rechter Fuß vorn (Migi-
	   Morote-Jodan)
		Morote	* rechter Fuß vorn
			
			linker Fuß vorn

Katate = eine Hand	linker Fuß vorn rechter Fuß vorn	Katate	* rechter Fuß vorn linker Fuß vorn

In diesem Buch wurden die im allgemeinen angewandten Kamae herausgegriffen und erläutert.

Hidari-Morote-Jodan (linker Fuß vorn)

1. Aus der Chudan-Position tritt man mit dem linken Fuß einen Schritt vor. Das Shinai wird so weit über den Kopf gehoben, daß man den Gegner unter beiden Armen hindurch sehen kann.
2. Aus der Chudan-Position mit dem linken Fuß einen halben Schritt vortreten, den rechten Fuß einen halben Schritt zurückziehen und das Shinai - wie bei 1. - heben.
3. Aus der Chudan-Position den rechten Fuß um eine Fußlänge zurückziehen.

Die Handbewegungen von 1. - 3. sind im Prinzip dieselben.
Je nach Verfassung des Gegners und insbesondere nach
Größe des Maai wählt man jedoch aus den drei dargestellten
Fußbewegungen, die geeignetste.

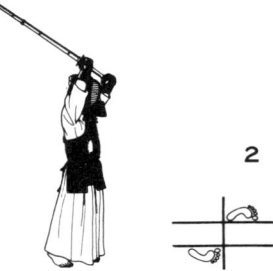

Zwar kommt es vor, daß man das Shinai senkrecht hebt, jedoch ist es natürlicher, das Shinai mit dem Kensen ein wenig nach rechts gerichtet zu halten. Hierbei bildet das Shinai die verlängerte Linie des linken Armes vom Ellenbogen bis zur Faust. Die linke Faust liegt unmittelbar über dem linken Fuß.

Migi-Morote-Jodan (rechter Fuß vorn)

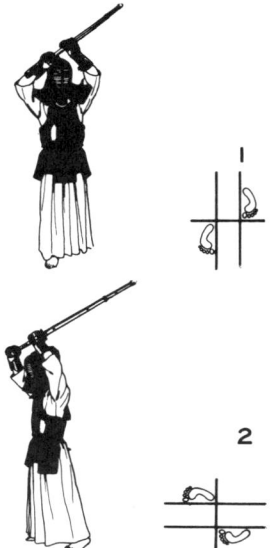

1. Aus der Chudan-Position mit der linken Hand vorn wird dieses Kamae auf gleiche Weise eingenommen, wie bei der Hidari-Morote-Jodan-Position. Nur werden hier die rechte und die linke Hand vertauscht.

2. Wenn diese Position aus der ursprünglichen Chudan-Position mit der rechten Hand vorn eingenommen wird, dann muß die Griffposition der beiden Hände erst einmal gewechselt werden. Man achte besonders im Moment des Griffwechsels darauf, daß der Gegner nicht angreift.

Das Kensen sollte von der Mittellinie ein wenig nach links abweichen und auf der verlängerten Linie des rechten Armes, vom Ellenbogen bis zur Faust, liegen. Die rechte Faust wird etwa senkrecht über dem rechten Fuß gehalten (Abb. 1), und das Kensen wird etwa um 45 Grad angehoben.

Migi-Katate-Jodan (rechtes Einhand-Jodan)

1. Aus der Chudan-Position, in der die rechte Hand die Führungshand ist, wird die linke Hand vom Tsuka entfernt und in die linke Hüfte gestützt; die rechte Hand wird so weit angehoben, bis man den Gegner unter dem Arm hindurch sehen kann. Die Fußbewegung ist dieselbe wie bei der Migi-Morote-Jodan-Position.

2. Aus der Jodan-Position, in der die linke Hand die Führungshand ist, wird die rechte Hand - an das Tsuka-Ende - geführt. Im übrigen entspricht dies der 1. Kamae.

Weitere Kamae-Arten

Gedan-no-Kamae (Kampfbereite Haltung - Kensen etwa in Kniehöhe)

Aus der Chudan-Position wird das Shinai gesenkt, bis das Kensen etwas unterhalb der Horizontalen zu liegen kommt. Das Kamae wird dann angewendet, wenn der Gegner die Beine unterhalb der Knie angreift (z. B. gegenüber dem Naginata-Langschwert) oder bei genügend großem Maai, wenn man die Angriffsmethode des Gegners beobachtet oder seine Unterarme angreifen möchte. Beim Shinai-Kendo achte man darauf, genügend Abstand vom Gegner einzunehmen, da man sonst durch den Tsuki-Stoß oder den Men-Schlag getroffen wird.

65

Hasso-no-Kamae (Kampfbereite Haltung - Shinai seitlich aufgerichtet)

Aus der Chudan-Position tritt der linke (rechte) Fuß einen
Schritt vor (zurück). Die mit dem Tsuru bespannte Shinai-
Seite wird um ca. 45 Grad nach hinten gesenkt. Das Tsuba
ist etwa in Mundhöhe und eine Faustbreite vom Gesicht
entfernt.

Waki-Gamae (Kampfbereite Haltung - Shinai seitlich gesenkt)

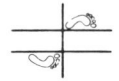

Aus der Chudan-Position tritt der rechte (linke) Fuß einen
Schritt zurück (vor). Von oben (bzw. unten) wird das Shinai
mit dem Kensen auf die rechte Seite gewendet, so daß die
mit dem Tsuru bespannte Seite des Shinai etwas schräg nach
oben zeigt und die rechte Faust an der rechten Hüftseite
liegt.
Charakteristisch für dieses Kamae ist das Verbergen der Waffenlänge. Folglich muß das Shinai
hinter dem eigenen Körper gut versteckt sein, so daß der Gegner es nicht sehen kann.

Kamae-Kata (Begrüßung vor dem Kampf)

Sonkyo (Hockstellung)

1. Man läßt das Shinai (mit dem Tsuru nach unten und
dem Tsuka nach vorn), das man in der linken Hand unter
dem Tsuba hält, an der linken Körperseite herabhängen. In
einer Entfernung von 9 Schritten (ca. 5 m) stellt man sich
gegenüber.

66

2. Die linke Hand wird an die linke Hüfte gehoben und das Kensen um ca. 45 Grad nach unten gesenkt. Nun verbeugt man sich zueinander.

3. Hat man sich mit der Ayumi-Fußarbeit drei Schritte nach vorn begeben und das festgelegte Maai erreicht, dann wendet man die rechte Hand mit der Handinnenfläche zum Gegner gerichtet nach links und ergreift - die Fingerspitzen nach oben - das Tsuka (über dem Tsuba).

4. Die linke Hand wird losgelassen, mit der rechten Hand schwingt man das Shinai in einem kreisförmigen Bogen nach vorn.

5. Die linke Hand ergreift das Tsuka-Ende, und während man in die Sonkyo-Stellung übergeht, wird das Shinai in die Chudan-Position gebracht; die Shinaispitzen kreuzen sich leicht. Die Sonkyo-Position wird eingenommen, indem man den linken Fuß an den rechten stellt und mit geradem Oberkörper die Knie beugt, wobei man die Beine etwa um 90 Grad spreizt. Dann läßt man das Gesäß auf den Fersen ruhen und hält sein Gleichgewicht.

6. Man erhebt sich indem man beide Knie streckt. Während die Schwertspitzen im Issoku-Itto-Abstand (siehe Seite 94) leicht gekreuzt werden, geht man in die Chudan-Position über.
Geht man ohne Sonkyo in die Kamae-Position über, kann der 5. Bewegungsablauf vernachlässigt werden.

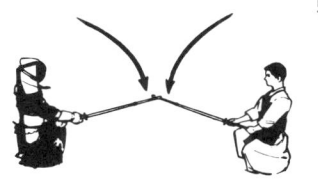

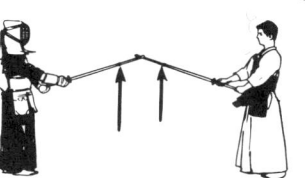

Osame-Kata (Abgrüßen nach Ende von Übung oder Kampf)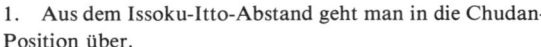

1. Aus dem Issoku-Itto-Abstand geht man in die Chudan-Position über.

2. Indem man den linken Fuß an den rechten zieht, nimmt man die Sonkyo-Chudan-Position ein.

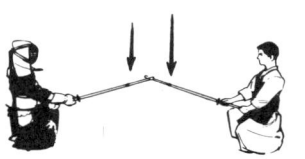

3. Die linke Hand läßt los; mit der rechten Hand wird das Kensen von oben nach hinten gedreht. Das Shinai wird nach hinten gedreht, so daß das Tsuru nach unten zeigt und das Shinai an die linke Hüfte gelegt wird.

4. Die linke Hand ergreift das Shinai unter dem Tsuba; die rechte Hand wird auf den rechten Oberschenkel gelegt.

5. Beide Knie werden gestreckt, und man erhebt sich. Die rechte Hand läßt man ganz natürlich an der rechten Körperseite hängen.

6. Mit dem linken Fuß beginnend geht man drei Schritte zurück und verbeugt sich. Grüßt man ab, ohne in die Sonkyo-Position zu gehen, werden die Bewegungsabläufe 2, 3 und 4 im Stand ausgeführt.

ASHI-SABAKI (Fußarbeit)

Beim Kendo-Kampfsport, bei dem man versucht, unter Einhalten des Maai den Gegner anzugreifen, fällt dem Ashi-Sabaki eine wichtige Aufgabe zu. So ist es keinesfalls übertrieben zu sagen, daß das Können im Kendo von einer guten Fußarbeit abhängig ist.

Man benötigt für Kendo eine Fußarbeit, mit der man sowohl nach allen Richtungen, das Gleichgewicht stabilisieren und die korrekte Körperhaltung einhalten, mit einer bestimmten Geschwindigkeit und unter Aufbietung aller Kräfte angreifen, als auch nach dem Angriff unmittelbar wieder die korrekte Kamae-Position einnehmen kann.

Unter den auf diese Bedingungen abgestimmten Ashi-Sabaki-Möglichkeiten für Fortbewegung und Angriff gibt es Ayumi-Ashi, Okuri-Ashi, Tsugi-Ashi etc.

Für die Anwendung all dieser Ashi-Sabaki ist es wichtig zu wissen, daß nach vollzogenem Positionswechsel des einen Fußes, der andere sofort nachgezogen und stets die korrekte Fußstellung wieder eingenommen werden muß.

Während des Trainings kommt die Suri-Ashi-Fußarbeit vor, bei der man mit lockerer Bewegung gleichmäßig über den Boden gleitet. Man achte bei dieser Fußarbeit darauf, nicht zu stark die Füße anzuheben, da sonst das Ashi-Sabaki erschwert wird. Denn nicht allein tritt man bei unkorrekter Ausführung der Suri-Ashi-Fußarbeit auf das Hakama oder bekommt Schmerzen in der Ferse, sondern gleichzeitig muß bedacht werden, daß ein zu starkes Anheben des Fußes keinesfalls eine gute Fortbewegung erlaubt.

Außerdem verursacht das Hin- und Herbewegen der Beine (welche ja den Körper stützen) nach allen Richtungen einen automatischen Verfall der Kamae.

Als das Schwert noch in Gebrauch war, galt der Grundsatz:
rechte Hand und rechter Fuß vorn. Heute ist es jedoch erlaubt, die günstiger erscheinende Hand als Führungshand zu nehmen. Hier allerdings hat man sich darauf beschränkt, die Ashi-Sabaki-Methode mit rechter Führungshand und rechtem Fuß vorn zu erklären.

Ayumi-Ashi

Dies ist die Fußbewegung, die der normalen Gehweise entspricht. Der rechte und der linke Fuß werden abwechselnd vorgestellt.

Dieses Ashi-Sabaki braucht nicht besonders trainiert werden. Bei Anfängern bringt es das Kamae leicht aus der Form. Um das seitliche Hin- und Herschwanken zu vermeiden, sollte deshalb diese Fußarbeit erst nach Beherrschen der Okuri-Fußarbeit angewendet werden.

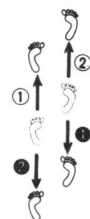

Okuri-Ashi

Diese Fußarbeit erfolgt, indem man den Fuß, der sich in der gewünschten Fortbewegungsrichtung befindet, zuerst bewegt und den anderen unverzüglich nachzieht. Sie schließt ferner die Fumikomi-Fußarbeit ein, bei der man sich mit dem hinteren Bein vom Boden abstößt und schnell und kräftig vorwärtsbewegt.

Man achte darauf, diese Fußarbeit gleichmäßig und ohne Hin- und Herbewegen des Oberkörpers auszuführen.

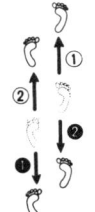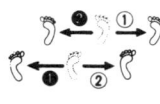

Hiraki-Ashi

Es handelt sich hier um eine Art Okuri-Ashi, bei der man trotz seitlichem Ausweichen dem Gegner stets korrekt gegenübersteht.

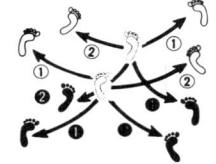

Weicht man mit dem rechten Fuß nach rechts aus, so muß der Fuß korrekt dem Gegner gegenübergestellt und der linke Fuß nachgezogen werden; weicht man mit dem linken Fuß aus, so muß entsprechend dieser Fuß ebenfalls auf den Gegner zeigen und der rechte nachgezogen werden.

Tsugi-Ashi

Dies ist eine Fußarbeit, die **vor** der Okuri-Fußarbeit angewendet wird und unterstützend wirkt. Man benutzt sie für den Angriff aus weitem Abstand (Toma). Man zieht den linken Fuß an den rechten und nutzt diesen Anstoß, um sich dann vom Boden kräftig abstoßend vorwärts zu bewegen. Erst nach Beherrschen der Kamae und nach Aneignung der Angriffsmethoden ist Tsugi-Ashi anzuwenden.

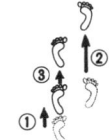

SUBURI (Bewegen des Shinai)

Die Suburi-Übungen dienen zur Aneignung der Grundschlagübungen (Men-, Kote- und Do-Schlag) und bestehen aus den Übungen "Joge-Buri" (auf und ab) und "Naname-Buri" (schräg von rechts oder links oben). Sie werden auch als Vorbereitungs- oder Ausgleichstraining angewendet.

Zur Ausführung dieser Übung ist das Erlernen der korrekten Handhabung des Shinai und des Tenouchi erforderlich.

Anfänglich werden die Bewegungen allein geübt; dann geht man dazu über, die Techniken unter Hinzuziehen fester Zielgegenstände, wie beispielsweise "Uchikomi-dai" (Schlagbrett) oder "Uchi-komi-Bo" (Schlagstab) zu trainieren. Schließlich kommt man zum Training zu zweit und erhöht allmählich das Niveau der Techniken, was ein erhöhtes Maß an Exaktheit und Schnelligkeit erforderlich macht. Um diesen Ansprüchen gerecht zu werden, muß das Suburi genügend trainiert werden.

Joge-Buri (senkrechtes Auf- und Abbewegen des Shinai)

1. Aus der Chudan-Position wird das Shinai auf der Mittelachse gehoben. Das bedeutet, daß die drei Punkte, linke Hand, rechte Hand und Kensen nicht von der Mittelachse abweichen dürfen. Diese Bewegung wird ohne Änderung der Tenouchi-Haltung und ohne die Schultern und Arme zu verkrampfen, ausgeführt.

2. Da es dem Anfänger schwerfällt, das Shinai gerade auf der Mittelachse zu heben, ist es vorteilhaft, um schneller Fortschritte machen zu können, mit dem Shinai groß auszuholen, so daß es bis zwischen die Gesäßhälften reicht.
Es muß darauf geachtet werden, daß der linke Ellenbogen nicht gestreckt wird.

3. Mit einer nach innen ausgeführten Wringbewegung beider Hände, wird das Shinai auf der Mittelachse gesenkt. Insbesondere muß die linke Hand nach innen gedreht werden, ohne dabei jedoch die Tenouchi-Haltung zu verändern.
Mit zunehmender Gewöhnung an die Übung erhöht man Stärke und Schnelligkeit und übt die Bewegungen auch mit dem Ashi-Sabaki zusammen aus.

Naname-Buri (diagonales Auf- und Abbewegen von rechts)

1. Aus der Chudan-Position wird senkrecht groß ausgeholt.

2. Das Shinai wird über den Kopf nach rechts gedreht, indem man das rechte Handgelenk schräg nach rechts oben dreht.

3. Von schräg rechts oben wird das Shinai etwa in einem Winkel von 45 Grad nach links unten gesenkt.

4. Man senkt das Shinai bis das Kensen die Kniehöhe erreicht hat.
Während der Bewegungsabläufe 1. - 4. muß die linke Hand durchgehend auf der Mittelachse bleiben.
Während man die in 2. - 4. beschriebenen Bewegungen ausübt, werden beide Hände ein wenig nach rechts gedreht und die Schneideseite des Shinai senkrecht auf das Schlagziel gerichtet.

Naname-Buri (von links)

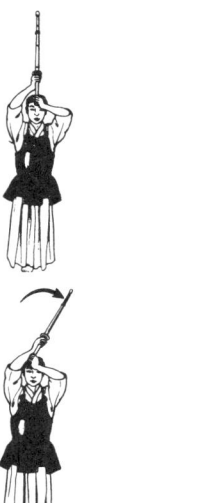

1. Aus der Chudan-Position wird mit gerader großer Bewegung ausgeholt.

2. Über dem Kopf wird das rechte Handgelenk und somit das Shinai schräg nach links oben gedreht.

3. Von links oben wird das Shinai in einem Winkel von 45 Grad schräg nach rechts unten gesenkt.

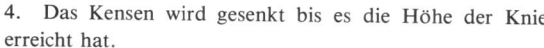

4. Das Kensen wird gesenkt bis es die Höhe der Knie erreicht hat.
Während der Bewegungsabläufe 1. - 4. muß die linke Hand durchgehend auf der Mittelachse bleiben. Während der Ausübung der Bewegungen von 2-4 werden beide Hände ein wenig nach links gedreht.

Men-Uchi (senkrechter Men-Schlag)
Wie weit ausgeholt werden muß

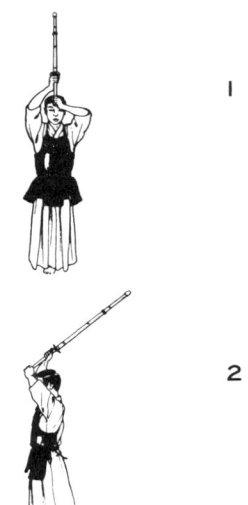

1./2. Diese grundlegende Art, Men zu schlagen, erfordert, daß das Shinai so weit gehoben wird, bis man unter der linken Hand das Men des Gegners erblicken kann.

Korrektes Auftreffen mit dem Shinai

In den Wettkampfregeln ist festgelegt, daß mit dem letzten Shinai-Drittel und der nicht vom Tsuru bespannten Rück-seite geschlagen werden soll. Als Trainingsziel sollte der Teil, der etwa 10 cm vom Kensen entfernt liegt, auf die Men-Polsterung auftreffen.
Mit Ausnahme von einigen Sonderfällen sind Schläge, die auf den Men-Stäben auftreffen, ungültig.

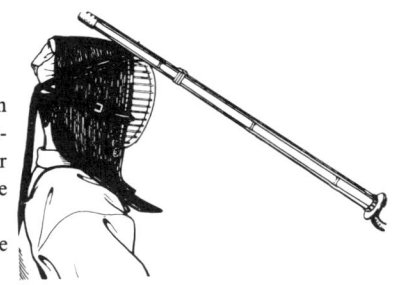

Grundtechniken

SCHLAG - METHODIK

Shomen-Uchi (Men-Schlag)

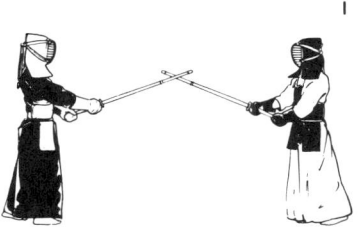

1. Im Issoku-Itto-Abstand wird die Chudan-Position eingenommen.

Um sich aus korrektem Maai an das Angreifen zu gewöhnen, ist es wichtig, gut auf das Maai zwischen sich und dem Gegner zu achten und korrekt mit dem Mono-Uchi zu schlagen.

2. Unter Verlagerung des Gleichgewichts nach vorn, holt man aus, indem man beide Hände unverändert auf der Mittelachse bewegt.

Man vermeide, daß sich die Shinai-Spitze von der Mittelachse entfernt. Man ergreife das Shinai daher nicht zu fest und wende mit der rechten Hand nur dann Kraft auf, wenn es gehoben bzw. gesenkt werden soll. Mit der linken Hand dagegen wird das Shinai **fest** ergriffen.

3. Die Ausholbewegung soll soweit ausgeführt werden, bis man unter der linken Hand das Men des Gegners erblicken kann. Man achte darauf, daß sich die Kraft der linken Hand, mit der das Shinai festgehalten wird, nicht verringert und übt eine Drehbewegung nach innen aus. Der linke Ellenbogen wird nicht gestreckt.

4

4. Während man mit dem rechten Fuß einen Schritt vortritt wird gleichzeitig das Shinai gesenkt. Während man das Shinai senkt, darf die Kraft, mit der das Shinai in der rechten Hand gehalten wird, nicht zunehmen, da es sonst von der Mittelachse abweicht und man nicht korrekt (d. h. mit der nicht vom Tsuru bespannten Seite) schlagen kann.

5

5. Das Shinai wird auf der Mittelachse gesenkt, während man gleichzeitig die Drehbewegung der Hände nach innen ausführt. Der linke Fuß wird hinter dem rechten nachgezogen.
Im Moment des Aufschlagens wird der rechte Ellenbogen gestreckt.
Um eine nach vorn geneigte Körperhaltung zu vermeiden, muß der linke Fuß korrekt nachgezogen werden.

6. In dem Augenblick, in dem der linke Fuß nachgezogen worden ist, erfolgt der Shomen-Schlag.
Die Körperhaltung im Moment des Schlagens:
Der rechte Ellenbogen wird in Höhe der Schultern horizontal gestreckt, die linke Hand wird auf der Mittelachse in Höhe der Brust gestoppt. Man schlägt, indem beide Hände nach innen gedreht werden. Wird der linke Ellenbogen gestreckt, hebt sich die linke Schulter oder die obere Körperhälfte ist verdreht. Außerdem trifft dann das Shinai auf den Men-Stäben auf. Der Mono-Uchi-Teil des Shinai muß korrekt auf dem Men-Polster aufkommen (etwa 10-20 cm vom Kensen entfernt) - die Körperhaltung muß ebenfalls korrekt bleiben.

6

Am Anfang holt man langsam und groß aus, dann, mit Verstärkung des Tenouchi, wird der Schlag allmählich schneller ausgeführt. Man wendet mit der rechten Hand nur im Moment des Schlagens Kraft auf - diese muß danach sofort wieder nachlassen. Man achte darauf, daß Aushol- und Schlagbewegung nicht in zwei Stufen, sondern in einer Bewegung ausgeführt werden.

Wenn man den korrekten Men-Schlag unter Anwendung des Okuri-Ashi-Schrittes ausüben kann, geht man zum Men-Schlag mit Fumikomi-Fußarbeit über (siehe unten). Indem man größere Geschwindigkeit und Kraft anwendet, wird gleichzeitig das Schlagen aus großem Maai geübt.

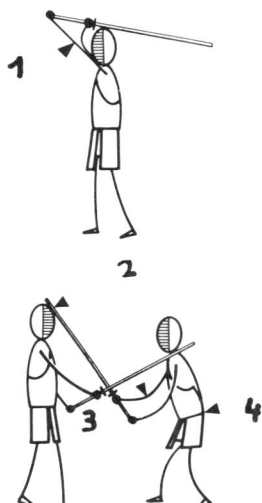

Unkorrekte Ausholbewegungen:
1. - der linke Ellenbogen ist gestreckt
2. - der Schlag trifft auf den Men-Stäben auf
3. - der rechte Ellenbogen ist nicht gestreckt.
4. - die Hüfte ist nicht vorgestreckt.

Shomen-Uchi im Sprung

Unter Fumikomi-Ashi versteht man die Fußarbeit, bei der man sich mit dem linken Fuß stark vom Boden abstößt, um mit der dadurch gewonnenen Sprungkraft mit dem rechten Fuß einen Sprung nach vorn machen zu können. Der linke Fuß muß hierbei sofort nachgezogen werden.

Diese Fußarbeit dient der schnelleren Fortbewegung. Folglich gerät man bei plötzlichem Bewegen oder Stoppen leicht aus dem Gleichgewicht, weshalb im Anschluß an die Okuri- die Ayumi-Fußarbeit angewendet werden muß. Man bewegt sich mit kleinen Schritten vorwärts und reguliert somit das Gleichgewicht.

In dem Moment, in dem der rechte Fuß auf dem Boden aufkommt, wird Kraft zur Ausübung des Schlages eingesetzt.

Bei ungenügendem Abstoßen kommt die Hüfte verzögert nach, was ein Vorneigen des Oberkörpers zur Folge hat. Folglich beugt sich auch der rechte Arm, und man kann nicht schlagen. Mit dem starken Abstoßen des linken Fußes wird die Hüfte nach vorn gedrückt und somit eine stabile Körperhaltung gewährleistet. Auf diese Weise muß durch wiederholtes trainieren und stete Befolgung von "Ki-Ken-Tai-itchi" (Einheit von Geist, Schwert und Körper) das richtige Shomen-Schlagen erlernt werden.

Der Shomen-Uchi-Treffer bildet die Grundlage aller Schlag-techniken und muß beim Training nach Vereinbarung sorg-fältig erlernt werden. Die übrigen Bewegungen entsprechen denen bei der Okuri-Fußarbeit.

3

Achtung: Das Ausführen schneller Schlagbewegungen wird von einer Gegenwirkung begleitet. Da sich der Oberkörper bei der Ausholbewegung nach hinten beugt, muß das Gleichgewicht nach vorn verlagert werden, während bei der eigentlichen Schlagbewegung durch eine starke Vorwärtsbe-wegung der Hüfte und einen Reflex des Rückgrates das Vorbeugen verhindert wird.
(Abb. 1 -4)

4

Hidarimen-Uchi (mit Okuri-Ashi)

1

1.   Aus dem Issoku-Itto-Abstand geht man in die Chudan-Position über.
Da diese Technik unter anderem auch eine Grundtechnik für den linken Do-Treffer oder den linken Kote-Treffer gegenüber einem Jodan-Angreifer ist, muß die Drehbewe-gung der Hände gut erlernt werden.

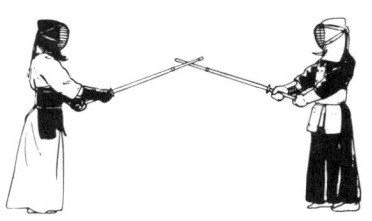

2

2.   Während man den Schwerpunkt nach vorn verlagert, wird das Shinai auf der Mittelachse aufwärts bewegt.

78

3. Mit dem rechten Fuß wird ein Okuri-Ashi-Schritt nach vorn getan. Dabei dreht man die rechte Hand über dem Kopf nach rechts und richtet sie auf die linke Men-Seite. Die linke Hand muß dabei auf der Mittelachse bleiben.

4. Während man die Hände genügend nach rechts dreht, schlägt man von rechts oben schräg nach unten.

5. Während man den linken Fuß an den rechten heranzieht, wird der rechte Arm gestreckt und dabei in einem Winkel von ca. 45 Grad gesenkt.

6. Hat man den linken Fuß an den rechten herangezogen, wird zur linken Men-Seite des Gegners, bei genügendem Strecken des rechten Ellenbogens und der horizontalen Lage des rechten Armes in Höhe der Schultern, geschlagen.
Die Schneideseite des Shinai muß durch die Drehbewegung beider Hände nach rechts gerichtet werden. Außerdem achte man darauf, daß sich die linke Hand stets auf der Mittelachse bewegt und nie höher liegt als in Brusthöhe.

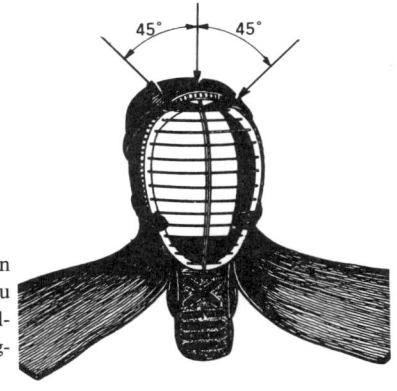

Schlagwinkel beim Men-Uchi

Beim Schlagen der rechten und linken Men-Seite achte man besonders darauf, nicht aus seitlich drehender Bewegung zu schlagen. Da bei einem Schlag auf das Ohr das Trommelfell platzen kann, gebe man acht, keinesfalls einen Schlagwinkel von 45 Grad zu überschreiten.

Migi-Men-Uchi (mit Okuri-Ashi)

1. Im Issoku-Itto-Abstand in die Chudan-Position übergehen. Diese Technik bildet die Grundtechnik für den rechten Do-Treffer und den rechten Kote-Treffer bei Jodan-Angreifern.

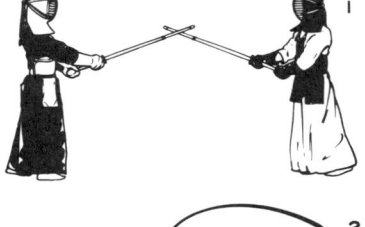

2. Während man das Gleichgewicht nach vorn verlagert, wird das Shinai auf der Mittelachse aufwärts bewegt.
Man achte hierbei darauf, die Handinnenflächen nicht zu verschieben. Bis hier entsprechen die Bewegungen denen des Shomen-Uchi-Treffers.

3. Unter Anwendung der Okuri-Fußarbeit unternimmt man mit dem rechten Fuß beginnend einen Schritt nach vorn.
Während man dabei das Shinai über dem Kopf nach links dreht, senkt man es in einem Winkel von 45 Grad von links oben nach rechts unten.
Die linke Hand bleibt auf der Mittelachse, die rechte Hand wird genügend nach links gedreht.
Man achte beim Senken des Shinai darauf, daß die Schneideseite korrekt auf das Schlagziel gerichtet ist.

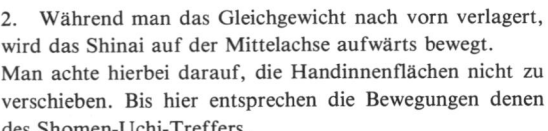
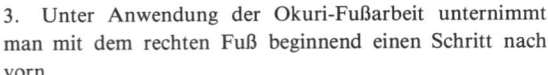

4. Hat man den linken Fuß an den rechten herangezogen, wird zur rechten Men-Seite des Gegners, unter genügendem Strecken des rechten Ellenbogens und bei horizontaler Lage des rechten Armes in Höhe der Schulter, geschlagen.

Die rechte Hand muß nach links gedreht werden. Man achte darauf, daß die linke Hand weder die Mittelachse verläßt noch höher als bis zur Brust hochgenommen wird.

Kote-Uchi (Unterarm-Schlag)

Schlagziel beim Kote-Treffer ist der gepolsterte Unterarm. Man schlägt auf den Führungsarm, und zwar auf das Kote des Armes, der bei der Chudan-Position das Shinai am Tsuba umfaßt.

In der Regel ist das rechte Kote Schlagziel, umfaßt jedoch die linke Hand das Shinai am Tsuba, so kann sowohl auf den rechten als auch auf den linken Unterarm geschlagen werden.

Wie man korrekt Kote schlägt

Befindet sich der Gegner in der Chudan-Position, so schlägt man über die rechte Faust hinweg auf den Unterarm. Ein Schlag, der **nur** auf der Faust auftrifft, ist ungültig.

Wenn man beim Kote-Schlag den rechten Ellenbogen beugt, kommt es zum sogenannten Hiki-Uchi (zurückziehender Schlag), was zur Folge hat, daß das Shinai nur auf dem Tsuba oder der Faust landet. Daher ist es nötig, mit ausreichend nach vorn gestrecktem Arm zu schlagen.

1. Im Issoku-Itto-Abstand die Chudan-Position einnehmen.

Obgleich es neben der hier beschriebenen Technik die Möglichkeit gibt, das eigene Kensen unter dem gegnerischen Shinai von der rechten zur linken Seite durchzuziehen und dann zum Schlag anzusetzen, soll an dieser Stelle nur die folgende Grundtechnik des Kote-Schlages erläutert werden.

2. Während man das Gleichgewicht nach vorn verlagert, holt man so weit über dem Kopf aus, bis man unter der linken Hand das Kote des Gegners sehen kann.

3. Unter Berücksichtigung des Maai geht man unter Anwendung der Okuri-Fußarbeit (siehe Seite 70) einen Schritt vor und senkt das Shinai.

4. Weit über dem Kopf ausholend wird das Shinai, nun auf das Kote zielend, gesenkt. Man achte bei dieser Bewegung darauf, keinesfalls das Shinai nach links zu drehen.

5. Während man den linken Fuß an den rechten zieht, wird das Shinai mit sich streckendem Arm weiter gesenkt. Man achte darauf, nicht zu sehr an den Gegner heranzugehen, weil sonst das Shinai nicht auf dem gegnerischen Kote, sondern nur auf dessen Schulter oder dem oberen Brustteil des Do-Panzers aufkommt.

6. Hat man den linken Fuß ganz nachgezogen, wird gleichzeitig der rechte Ellenbogen ausreichend gestreckt, und das Shinai trifft auf dem rechten Kote auf. Man achte darauf, daß sich die linke Hand nicht von der Mittelachse entfernt.

Do-Uchi (Do-Schlag)

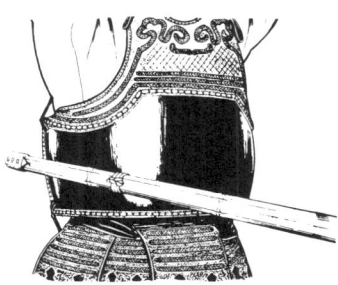

Schlagziel beim Do-Treffer

Schlagziel beim Do-Treffer ist das Do-Leder. Beim schwarzen Do ist dies der lackierte Teil. Beim Bambus- oder Kunststoff-Do sind dies jeweils die mit Bambus oder Kunstoff überzogenen Teile. A = Migi-Do; B = Hidari-Do

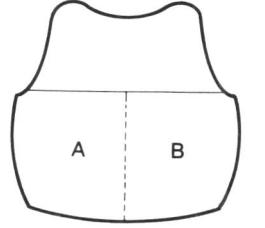

Wie man korrekt Do schlägt

Die Schlagmethode ist dieselbe wie beim linken und rechten Men-Schlag, indem nämlich die Hände ebenfalls in einem Schlagwinkel von 45 Grad gedreht werden und mit der Schneideseite geschlagen wird. Man achte hierbei besonders darauf, die linke Hand nicht zu lockern, da sonst die Shinai-Spitze sinkt und die Rüstung verfehlt.

Es gibt einen rechten und einen linken Do-Schlag.

Migi-Do-Uchi (rechter Do-Schlag)

1

1. Im Issoku-Itto-Abstand wird die Chudan-Position eingenommen.

Es sei darauf hingewiesen, daß sich bei dieser Technik der Oberkörper sehr leicht nach vorn neigt, der Rücken krümmt oder der rechte Ellenbogen beugt. Man bemühe sich daher stets um eine gerade Haltung.

2

2. Wenn der Gegner zum Ausholen seine Hände hebt, verlagert man gleichzeitig das Gleichgewicht nach vorn und leitet somit zur eigenen Ausholbewegung über.

3

3. Während der Gegner die Arme hebt, wird das eigene Shinai gleichzeitig auf der Mittelachse aufwärts bewegt und über den Kopf gehoben.

84

4

4. Mit dem rechten Fuß beginnend unternimmt man einen Okuri-Ashi-Schritt nach vorn. Dabei wird die rechte Hand über den Kopf zur linken Seite bewegt und das Handgelenk nach links gedreht.

5

5. Die Hände werden genügend nach links gedreht und das Shinai korrekt, in Seitenlage von links oben nach rechts unten gesenkt. Der linke Fuß wird jetzt nachgezogen.

6. Hat man den linken Fuß nachgezogen, so wird der rechte Ellenbogen genügend gestreckt und das Shinai trifft auf der rechten Do-Seite auf.

6

Hierbei muß darauf geachtet werden, daß die linke Hand nach innen gedreht wird und die Mittelachse nicht verläßt. Entspannt man die linke Hand, so weicht sie entweder von der Mittelachse ab oder sie gerät nach vorn oder liegt höher als die rechte Hand. Folglich verfehlt man die Rüstung. Daher muß mit der linken Hand das Shinai kräftig umfasst und dann geschlagen werden.

Hidari-Do-Uchi (linker Do-Schlag)

I

1. Im Issoku-Itto-Abstand die Chudan-Position einnehmen.

Anfänger müssen besonders darauf achten, erst zu schlagen, wenn die Arme des Gegners genügend gehoben sind. Denn sonst trifft man sehr leicht den linken Ellenbogen, der die linke Do-Seite verdeckt.

2. Ist das gegnerische Do genügend freigelegt, unternimmt man mit dem rechten Fuß einen Okuri-Ashi-Schritt nach vorn und bewegt dabei das Shinai auf der Mittelachse aufwärts.

Möchte man bei Kampf oder Training den rechten oder linken Do-Schlag anwenden, so ist es ratsam, den Gegner mit Men oder Tsuki (Kehlkopf-Stoß) anzugreifen und ihn dadurch dazu zu bringen, seine Arme zu heben.

3. Über dem Kopf wird die rechte Hand genügend nach rechts gedreht, und das Shinai, mit korrekt zum Ziel gerichteter Schneideseite, von rechts oben nach links unten gesenkt.
Die linke Hand wird auf der Mittelachse nach innen gedreht.

4. Hat man den linken Fuß nachgezogen, dann wird gleichzeitig mit gestrecktem rechten Arm, das linke Do geschlagen. Beim Ausüben des Do-Schlages darf die rechte Hand nicht verdreht und zum Do gerichtet werden, weil dies sonst einen unkorrekten horizontalen Schlag zur Folge hätte.
Um nicht von der Mittelachse abzuweichen muß die linke Hand das Shinai fest umfassen und dann schlagen.

Tsuki (Stoß zur Kehle)

Stoßziel beim Tsuki-Treffer
Stoßziel ist der am unteren Ende der Men-Stäbe befestigte Tsuki-Tare (Kehlkopf-Schutz). (Laut Kampfvorschriften wird auf die Kehle gestoßen)

Wie trifft man Tsuki
Man spannt den Unterleib an, streckt die Hüfte und, während man beide Hände nach innen dreht, tritt man kräftig mit dem rechten Fuß einen Schritt nach vorn und stößt zu.

Es gibt die Möglichkeit von der rechten Seite des gegnerischen Shinais zu stoßen, was Omote-Tsuki (vorderer Tsuki-Stoß) heißt oder von der linken Seite zu stoßen, was Ura-Tsuki (hinterer Tsuki-Treffer) genannt wird. Außerdem kann der Stoß einhändig oder beidhändig ausgeübt werden. In den Kampfvorschriften wird das Ausüben dieser Technik für Schüler bis 14 Jahre verboten. Da Anfänger sich vor dem Tsuki-Angriff fürchten, werden sie daran gehindert, von sich aus aktiv anzugreifen. Man übt daher nur mit Fortgeschrittenen Tsuki.

1

1.   Im Issoku-Itto-Abstand wird die Chudan-Position eingenommen. Diese Technik muß mit geschmeidigem Tenouchi-Griff ausgeführt werden. Man entspanne die Schultern und stoße nicht etwa mit den Händen zu, sondern mit dem Gefühl, als wolle man mit den Hüften zustoßen.
Mit dem rechten Fuß beginnt man, unter Anwendung der Okuri-Fußarbeit sich vorwärts zu bewegen und dreht dabei gleichzeitig beide Hände nach innen.

2

2.   Stößt man in die verlängerte Richtung des Shinai von Tsuba bis Kensen, dann verfehlt man sein Ziel und trifft zu hoch. Deshalb senke man das Kensen und stoße mit dem Gefühl zu, als wolle man das brustschützende Oberteil des gegnerischen Do treffen.

3

3.   Hat man den linken Fuß nachgezogen, werden beide Hände weiter nach innen gedreht, der Unterleib angespannt, der Rücken gestreckt und mit festgefaßtem Shinai zugestoßen.

VORBEREITUNG für OYO-WAZA (angewandte Techniken)

Uchikaeshi (Wiederholte seitliche Men-Schläge)

Uchikaeschi ist eine Trainingsmethode, welche die für Kendo wichtigen Grundelemente wie Tenouchi, Maai und Ashi-Sabaki zusammenfaßt. Es handelt sich hierbei um ein verabredetes Training, das außerordentlich fruchtbar ist und bei dem Qualität (Exaktheit, Stärke, Schnelligkeit) und Quantität (Schlaghäufigkeit pro Zeit) dem jeweiligen Niveau des Kendotreibenden angepaßt werden kann.

Für die auzuübende Anzahl dieser Schläge innerhalb eines Uchikaeshi-Übungsablaufes gibt es keine festen Bestimmungen. So gibt es die Möglichkeit so lange zuzuschlagen, wie es unser Körper und unsere Willenskraft erlauben, oder aber es wird eine bestimmte Anzahl von seitlichen Men-Schlägen (auf die man sich geeinigt hat) im Vorwärts- und Rückwärtsgehen ausgeübt. Gelegentlich beschränken sich die Schläge nicht nur auf das Men, sondern schließen auch Do-Schläge mit ein.

In diesem Buch wird die Uchikaeshi-Methode mit einleitendem und abschließendem Shomen-Schlag und abwechselnden seitlichen Men-Schlägen erläutert. Ein Wort im Japanischen: "Kirikaeshi (hier: Uchikaeshi) Juttoku" bedeutet: Kirikaeshi bringt zehn Vorteile mit sich!

Man lasse sich also nicht von einzelnen Faktoren wie Förmlichkeit oder Schnelligkeit beirren; wenn eine Bewegung unvollständig oder unkorrekt ausgeführt wird, bleibt der Erfolg aus.

Schon früher hat man sich an eine bestimmte Reihenfolge gehalten, nämlich: - Größe - Stärke - Schnelligkeit - Wendigkeit. "Größe" bedeutet das Ausüben großer Techniken, wobei mit dem Shinai stets bis über den Kopf ausgeholt werden muß. Unter "Stärke" versteht man die Kraft, mit der die Hände das Shinai beim Schlag umschließen, um sich danach sofort wieder zu entspannen. "Schnelligkeit" beinhaltet das schnelle Ausüben korrekter Bewegungen. "Wendigkeit" bedeutet, man bewege sich leicht und wendig.

Ferner ist das korrekte Atmen wichtig. Erst müssen die seitlichen Men-Schläge während eines Atemzugs ausgeführt werden; dann geht man allmählich dazu über, Shomen-Schlag **und** seitliche Men-Schläge während eines Atemzugs durchzuführen.

Eine gute Ausdauer ist nicht allein von der Muskelkraft abhängig, sondern sie erwächst aus der Leistungsfähigkeit des Kreislaufes. Deshalb sollen die Uchikaeshi-Übungen die Ausdauer trainieren.

Die hintereinander auszuübenden seitlichen Men-Schläge sind beim Rückwärtsgehen verhältnismäßig leicht auszuführen, weil dieser Bewegungsablauf automatisch von einer "unterstützenden" Gegenbewegung begleitet wird. Da jedoch die Bewegungen nach vorn eines Körperantriebes bedürfen und daher nicht so einfach ausführbar sind, müssen sie besonders sorgfältig geübt werden.

Eine Uchikaeshi-Übung kann folgendermaßen ablaufen:
Beispiel

1. Aus dem Issoku-Itto-Abstand erfolgt unter Anwendung der Fumikomi-Fußarbeit ein Shomen-Schlag.

2. Mit dem rechten Fuß beginnend bewegt man sich mit Okuri-Ashi-Schritten nach vorn und führt dabei abwechselnd fünf linke und rechte Men-Schläge aus.

3. Der sechste, rechte, Men-Schlag leitet die Rückwärtsbewegungen ein, beim elften Schlag wird mit einem linken seitlichen Schlag aufgehört.

4. Ohne Unterbrechung führt man dann den abschließenden Shomen-Schlag aus.

Zwischen den beiden Shomen-Schlägen werden die eben erklärten seitlichen 11 Men Schläge 3 bis 4 mal ausgeführt. Nach Beendigung der seitlichen Men-Schläge muß unbedingt erst der Issoku-Itto-Abstand wieder eingenommen werden, ehe man zum Shomen-Schlag übergeht. Ferner muß die linke Hand auf der Mittelachse bleiben. Beim Schlagen strecke man den rechten Arm und achte darauf, daß die linke Hand in Brusthöhe bleibt.

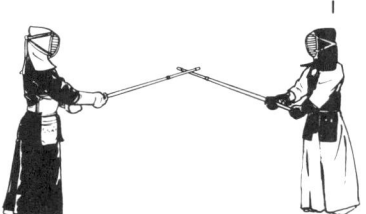

1. Man nehme den Issoko-Itto-no-Maai in der Chudan-Position mit korrekter Körperhaltung ein.

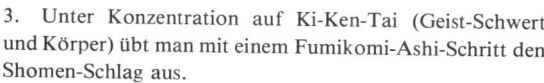

2. Man atme tief ein und hole so weit aus, daß man den Gegner unter der linken Hand erblickt. Die linke Hand befindet sich nach wie vor auf der Mittelachse, und auch das Kensen bleibt, ohne nach rechts oder links auszuweichen, korrekt auf der Achse.

3. Unter Konzentration auf Ki-Ken-Tai (Geist-Schwert und Körper) übt man mit einem Fumikomi-Ashi-Schritt den Shomen-Schlag aus.
Gleichzeitig wird die getroffene Stelle, nämlich "Men" ausgerufen (dies nennt man "Kakegoe").
Unter Anwendung von Okuri-Ashi bewegt man sich zwei bis drei Schritte vorwärts und versucht die Körperhaltung zu stabilisieren.

Beide Partner rufen gemeinsam "Men", damit Schlag- und Abwehrbewegung gleichzeitig erfolgen.

4. Man holt sofort über dem Kopf weit aus und geht über zum linken Men-Schlag.

5. Die rechte Hand wird über dem Kopf nach rechts gedreht und auf die linke Men-Seite des Gegners gerichtet. Die linke Hand wird entlang der Mittelachse gesenkt, ohne dabei seitwärts auszuweichen. Unter Anwendung der Okuri-Fußarbeit bewegt man sich, mit dem rechten Fuß beginnend, vorwärts.

6. Jetzt schlägt man auf die linke Men-Seite und ruft "Men" aus. Der rechte Arm wird gestreckt. Ziel des Schlages ist nicht etwa das Shinai sondern die Men-Seite des Gegners.

7. Die eben ausgeführte Schlagbewegung wird jetzt rückwärts ausgeführt, indem man mit dem Shinai von unten nach oben ausholt.

8. Hat man ausgeholt, nehme man wieder die korrekte Schlagposition (Abb. 2) ein, drehe die rechte Hand nach links, um somit den rechten Men-Schlag sofort einleiten zu können.

9. Unter Anwendung der Okuri-Fußarbeit geht man zum rechten Men-Schlag über. Die linke Hand bleibt auf der Mittelachse, die rechte wird genügend nach links gedreht.

10. Wie beim linken Men-Schlag ist auch hier die rechte Men-Hälfte Schlagziel (nicht das Shinai!). Mit gestrecktem rechten Arm wird geschlagen und gleichzeitig ''Men'' gerufen.

11. Auf demselben Weg, den das Shinai beim Schlagen zurückgelegt hat, muß jetzt wieder ausgeholt werden. Man schlägt anschließend sofort auf die linke Men-Seite und führt so die Uchikomi-Bewegungen weiter.
Erst nach sicherer Aneignung der Bewegungen kann man die Übung allmählich schneller ausführen.

12. Hat man die seitlichen Men-Schläge im Vorwärts- und Rückwärtsgehen beendet, nimmt man aus korrektem Maai die Chudan-Position ein und geht zum anfangs geübten Shomen-Schlag über.

Man achte darauf, diese Uchikomi-Übung stets mit einem Shomen-Schlag einzuleiten und abzuschließen. Außerdem soll stets mit einem linken Men-Schlag begonnen und aufgehört werden. Man trainiere diese Übung unter Aufbietung seiner gesamten Körper- und Geisteskraft.

Abwehren von Uchikaeshi

Das Abwehren von Uchikaeshi-Schlägen ist sehr wichtig. Es ist wichtig, sich dem Niveau des Uchikaeshi-Ausübenden anzupassen und sich eine auf ihn abgestimmte Abwehrmethode anzueignen. Denn falsches Abwehren kann sich sehr negativ auf die Technik des Schlagenden auswirken, insofern nämlich, als seine Technik effektlos bleibt oder sich der Schlagende Fehler angewöhnt. Besonders muß diebezüglich bei Anfängern aufgepaßt werden, und man muß zu geduldigem Abwehren bereit sein.

Eine Möglichkeit der Synchronisierung besteht darin, die Ausrufe zu nutzen und sich jeweils dem Rythmus des Anderen anzupassen; es ist auch wichtig, sich gefühlsmäßig bei Schlag und Abwehr auf den Anderen einzustellen. Ziel des Abwehrenden ist es, das Geschicklichkeits-Niveau des Schlagenden zu steigern. Folglich muß man auf Punkte wie korrektes Anwenden der Kraft, Halten des Shinai, das korrekte Einnehmen des Maai etc. achten - im Ganzen also eine auf theoretischen Grundkenntnissen basierende Abwehrmethode anwenden.

Wie empfängt man den Shomen-Schlag

Damit der Uchikomi-Anfänger den richtigen Maai einzuschätzen lernt, läßt man ihn immer wieder den korrekten Abstand von Issoku-Itto einnehmen. Aus der Chudan-Position richtet man die Shinai-Spitze etwa in Schulterhöhe nach rechts, schafft somit also eine Blöße, um dem Partner eine Schlaggelegenheit zu ermöglichen.

Wie pariert man Hidari-Men

Hat man den Partner Shomen schlagen lassen, führt man sofort das Shinai mit der tsuru-bespan-ten Seite vor die eigene linke Schulter. Das Shinai wird senkrecht gehalten, so daß die rechte Hand etwa in Höhe des Mundes zu liegen kommt. Das Shinai des Partners wird kurz vor der linken Men-Seite aufgefangen.

Das gegnerische Shinai wird mit der eigenen Shinai-Mitte aufgefangen. Trifft das Shinai auf, pariere man in dem Moment durch kräftiges Umschließen des Shinai mit beiden Händen.

Man wende beim Parieren nur wenig mehr Kraft auf als der Partner beim Schlagen. Gegenüber Anfängern darf weder zu stark abgeschlagen werden, noch soll die Kraft nachlassen.

Nachdem der Angreifer das Tenouchi hinreichend erlernt hat, kann man ihm auch mit starkem Abschlagen oder durch Entspannung des eigenen Griffs, d. h. durch Nachgeben begegnen. Bei Angreifern, die noch nicht das Tenouchi "beherrschen", achte man darauf, daß das Shinai im richtigen Winkel auftrifft und auch nicht abrutscht.

Wie pariert man Migi-Men

Der rechte Men-Schlag wird wie der linke pariert, nur diesmal vor der rechten Schulter.
Man bewegt sich mit Ayumi-Ashi-Schritten vorwärts und rückwärts.
Bei Angreifern, die ununterbrochen mit viel Kraft schlagen, ist es vorteilhafter den Schlag nach hinten abgleiten zu lassen (indem man das Shinai in Richtung der Schulter zurückzieht), als ebenfalls dem Partner mit Kraft zu begegnen.

Maai (Abstand)

Unter Maai versteht man den Abstand zwischen den beiden Kendo-Partnern. Mit zunehmender Geschicklichkeit wird die Bedeutung dieses Begriffs komplizierter.

Das Maai wird in zwei Komponenten aufgeteilt. Unter der ersten Komponente versteht man das eigene Maai, d. h. den Abstand, der von dem eigenen Kensen bis zu den Händen reicht.
Zweitens gibt es das Maai des Gegners: Das ist der Abstand von seinem Kensen bis zu seinen Händen. Folglich kommt es also beim gegenseitigen Angriff darauf an, den Gegner nicht in das eigene Maai hineinkommen zu lassen, während man jedoch umgekehrt versucht, in das Maai des Gegners einzudringen.

In der Regel wird der Abstand, in dem sich die beiden Kensen gerade kreuzen, der Issoku-Itto-no-Maai genannt (wörtlich: 1 Schritt-1 Schwert, d. h. der Abstand, bei dem man den Gegner durch Vortreten um einen Schritt treffen kann). Ist der Abstand größer, so nennt man ihn ''Toma''; ist er kleiner, ''Chikama''. Geht man aus dem Maai einen Schritt vorwärts, so kann man den Gegner mit einem Schlag angreifen, ist der Abstand jedoch größer als hier beschrieben, kann man nicht mehr treffen. Man sieht, daß das Maai keine Konstante ist, sondern sich je nach Körperkraft, Körperbau und Geschicklichkeit, sowie nach der Lage des Shinai richtet.
Kann man diesen Abstand gut einhalten, so wird es dem Gegner nicht so leicht gelingen, erfolgreich anzugreifen, entdeckt man jedoch anderseits eine Blöße beim Gegner, kann man sofort angreifen.
Man kann erst dann in den Abstand des Gegners eindringen, wenn man davor entweder eine Blöße in seiner Kamae entdeckt hat oder sich durch Brechen seiner Kamae eine Schlaggelegenheit geschaffen hat.
Unter Maai versteht man nicht allein die äußere Form des Abstandes, sondern es geht hierbei auch um den zwischenmenschlichen Abstand, eine nicht sichtbare tiefgründige Bedeutung des Abstandes. Aus diesem zwischenmenschlichen Aspekt erwuchs die Strategie der unberechenbaren Wandlung. Man mache sich daher stets Gedanken über das Maai und bemühe sich um Wege zur Verbesserung.
Je größer das Maai, umso besser. Um jedoch aus einem Maai, das für den Gegner groß, für uns selbst aber klein ist, kämpfen zu können, ist es notwendig, die mit dem Maai in unmittelbarer Beziehung stehenden Faktoren wie: Abstand zwischen linker Hand und Körper, Stellung des Shinai oder die Fußarbeit, während eines harten Trainings mit in Betracht zu ziehen.
Auch steht die Körperhaltung in enger Beziehung zum Maai. Bei demjenigen, der das Gesicht senkt oder den Rücken krümmt, ist das Maai zu klein; andererseits wird bei denjenigen, die sich in übergerader Haltung nach hinten lehnen, der Abstand zu groß. Auf diese Punkte ist besonders zu achten.

Atmung und Kakegoe (Schreien)

Es gibt zwei Gründe für die Wichtigkeit der korrekten Atmung:

1. um Ausdauer zu schaffen
2. um sie beim Angriff einsetzen zu können.

Ausdauer bekommt man nicht allein durch das Trainieren von Muskeln. Erst durch das Zusammenwirken von Kreislauf und Atmung kann eine gute Ausdauer erzielt werden.
Die Kraft des Menschen ist im Moment des Ausatmens groß, während des Einatmens jedoch klein. Diese physiologische Erkenntnis nutzt man für den Angriff aus und zielt darauf ab, den Gegner beim Einatmen anzugreifen. Dies kann man nur durch wiederholtes Trainieren schneller und impulsiver Bewegungen erreichen. Die Lungenatmung muß in eine Zwerchfellatmung übergehen, die man unter Anwendung verschiedenster Übungsmethoden trainiert.
Viele Bewegungen können während eines Atemzugs ausgeführt werden. Man trainiere so, daß man das Einatmen des Gegners erkennt und zuschlägt, den Gegner aber nicht den Moment des eigenen Einatmens erkennen läßt. Das Hassei oder Kakegoe (Schreien oder Ausrufen) dient, wie auch zum Trainieren der Atmung, zur Bildung der Einheit von Ki - Ken - Tai. Es wirkt sich auf die Stärkung der Geisteskraft effektvoll aus und ist eine Methode, auf die man im Kendo nicht verzichten kann.
Da im Kendo die Schlagstellen bewußt, mit klarem Willen geschlagen werden müssen, ist es notwendig, dies durch Ausrufen der Schlagstellen (Men, Kote, etc.) deutlich zu machen. Für die Nihon-Kendo-Kata (Stilform des Kendo) werden die beiden Ausrufe "Yah" und "Toh" benutzt.
Es geht nicht darum, den Gegner durch eine laute Stimme zu erschrecken, sondern darum, die eigene Geisteskraft zu stärken und zu konzentrieren, die eigene Unruhe zu unterdrücken und im Moment des Entschlusses den Ausruf zu leisten.
Ist der Ausruf zu laut, kann der Gegner eher den Moment des Einatmens erkennen.

Tai-atari (mit dem Körper Zusammenstoßen)

Da sich das Kendo allein auf den Angriff mit dem Shinai beschränkt, können keine Techniken, wie sie beim Sumo oder Aikido üblich sind, ausgeführt werden. Aus diesem Gedanken heraus wurde das mit dem Angriff in unmittelbarem Zusammenhang stehende Zusammenprallen der Körper, das Tai-atari, mit dem Zweck, den Gegner wegzustoßen, erlaubt, während jedes andere Geschubse als regelwidrig verboten ist.
Mit der durch den Angriff entstehenden Sprintkraft kann die Gleichgewichtshaltung des Gegners durch Tai-atari zerstört werden. Sollte sich hierbei beim Gegner eine Blöße bilden, so ist ein Angriff in diesem Moment legal und sollte auch ausgenutzt werden.

Wie übt man Tai-atari aus

Mit zunehmender Geschicklichkeit hat man die Möglichkeit, das gegnerische Tai-atari oder sein Wegstoßen abzuwehren und umgekehrt gegenüber dem mit Tai-atari-Angreifenden eine Angriffstechnik zu erlernen.

1. Man schlägt Shomen und nutzt die Sprintkraft, um mit Tai-atari auf den Gegner zu prallen. Beim Shomen-Schlag muß korrekt mit gestrecktem rechten Arm geschlagen werden. Der Effekt ist dann groß, wenn man in einem Moment, in dem der Gegner nicht darauf gefaßt ist, Tai-atari ausübt. Ein erfolgreiches Tai-atari wird dann verhindert, wenn man den Gegner durch die eigenen Bewegungen das Vorhaben erahnen läßt, so daß er sich bereit halten kann.

2. Unmittelbar nach dem Shomen-Schlag wird der Schwerpunkt gesenkt und beide Hände werden, nachdem man sie bis an die Hüften gesenkt hat, angezogen. Man nähert sich dem Gegner mit dem Gefühl, als wolle man ihn nach oben heben.

3. Hat man sich blitzartig genähert, so prallt man unter Aufbietung der gesamten gespannten Körperkraft, nicht mit den Händen allein, sondern hauptsächlich mit der Hüfte, mit dem Gefühl, als wolle man den Gegner von unten nach oben heben, auf ihn.

Wie wehrt man Tai-atari ab

Um dem Tai-atari des Angreifenden, das durch die Sprintkraft nach dem Shomen-Schlag verstärkt wird, richtig begegnen zu können, ist neben der Anwendung von Kraft, das Erkennen des richtigen Moments zur Gegenaktion wichtig. Es ist wirkungsvoller, nicht erst auf die auf einen zukommende Stoßkraft zu reagieren, sondern vielmehr den Moment, in dem der Gegner auf einen zukommt, zu nutzen und seine Stoßkraft nach oben, unten, rechts oder links abzuwehren. Hier wird erklärt, wie man den Anprall von unten nach oben abwehrt.

96

1. Der Partner streckt den rechten Arm genügend und greift mit Shomen-Uchi an.

2. In dem Moment, in dem der Partner nach dem Schlag die Hände an die Hüften nehmen will, geht man - den rechten Fuß vorsetzend - mit dem Schwerpunkt unter den gegnerischen Griff.

3. Man wehrt den Tai-atari-Stoß ab, indem man jetzt den Gegner am Griff von unten nach oben stößt, so daß dieser ins Schwanken gerät und dadurch keine Kraft anwenden kann.

Ausweichen beim Tai-atari

Es ist wichtig, das Ausweichen beim Tai-atari als eine Schlaggelegenheit zu erkennen und sich anzueignen. Hat man das Abwehren erlernt, so sollte man dazu übergehen dieses Ausweichen zu erlernen, auch um wirkungslose Tai-atari-Stöße als gute Möglichkeiten zu Kontertechniken zu nutzen.

Eine Technik, die wenig Körperkraft erfordert, ist es einem kraftvoll ausgeführten Tai-atari auszuweichen und dann zum eigenen Angriff zu nutzen.

Wie schon beim Abwehren erklärt, sind auch hier die Kraft und das Ausnutzen des richtigen Moments die ausschlaggebenden Faktoren. Man muß daher die Bewegungen des Gegners gut beobachten und versuchen, den Moment, in dem er auf einen zukommt, **rechtzeitig** zu erfassen.

1. Der Angreifende streckt den rechten Arm und schlägt Men.

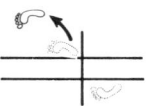

2. In dem Moment, in dem der Angreifende die Hände an die Hüften legen will, setzt man den rechten Fuß schräg nach rechts vor und geht so in eine Ausweichhaltung über.

3. Hat der Gegner beide Hände an die Hüften gezogen und will gerade Kraft zum Tai-atari einsetzen, verlagert man das Gleichgewicht auf den rechten Fuß, und unter Anwendung der Hiraki-Fußarbeit (Ausfall-Schritt) wird der Körper des Gegners im Vorbeigehen seitwärts abgewehrt.
Unmittelbar danach stößt man den Gegner von der Seite, zerstört somit seine Haltung und schlägt seinerseits oder zieht sich aus dem gefährlichen Maai zurück.

Tsuba-zeriai (Kreuzung der Shinai im Nahkampf)

Im Kendo gibt es den Issoku-Itto-Abstand sowie den Tsuba-zeriai-Abstand. Das mit dem Shinai ausgeübte Tsuba-zeriai ist außerordentlich schwierig. Im Kendo sind nur solche Bewegungen erlaubt, die auf Schlagbewegungen ausgerichtet sind. Daher ist es während des Tsuba-zeriai, d. h. wenn nur ein kleiner Abstand beide Gegner voneinander trennt, sehr schwierig, die Haltung des Gegners zu zerstören und eine Schlaggelegenheit zu finden. Außerdem ist es wegen des geringen Abstandes nicht einfach, einen korrekten Schlag, der mit gestrecktem rechten Arm und genügender Kraft auf das Mono-Uchi trifft, auszuführen.

Aus diesem Grund sorgen die Kampfrichter während eines Wettkampfes dafür, daß bei langandauerndem Tsuba-zeria die Gegner wieder in den Issoku-Itto-no-Maai zurückgerufen werden, um dann weiter zu kämpfen. Beim früher ausgeübten echten Schwertkampf war es im Falle eines Tsuba-zerias notwendig, den Körper des Gegners so schnell wie möglich mit dem Schwert zu treffen. Diese Tatsache erklärt die aufs äußerste gespannte Atmosphäre beim mit echten Schwerten ausgeführten Tsuba-zeriai. Wird man jedoch vom Shinai berührt, so hat dies auf Sieg oder Niederlage nicht den geringsten Einfluß; im Gegenteil, selbst wenn man ganz dicht aufeinander zukommt, kann man dies sogar zu kurzem Ausruhen ausnutzen. Da das Umwerfen des Gegners durch Fußstellen ein Foul ist, sollte man unter beiderseitiger Aufbietung aller Kräfte darum bemüht sein, die Tsuba-zeriai-Bewegungen korrekt auszuführen und darauf zu vertrauen.

In diesem Gedanken liegt der Ursprung der Tsuba-zeriai-Regeln. Die Regeln bestehen darin, sich gegenseitig zu achten und in aller Ehrlichkeit darum bemüht zu sein, die korrekte Tsuba-zeriai-Haltung beizubehalten und die Angriffsbewegungen richtig auszuführen. Die Tsuba-zeriai-Techniken lassen sich relativ gut gegen Partner, die ein großes Angstgefühl aufweisen oder den Tenouchi-Griff nicht können, anwenden. Weniger Angriffsmöglichkeiten bieten sich gegenüber Gegnern mit gutem Tenouchi und Maai.

Anfänger sollten unter Anwendung verschiedener Waza (Techniken) die theoretische Bedeutung des Tsuba-zeriai kennenlernen und sich die korrekte Tsuba-zeriai-Haltung aneignen.

In der Chudan-Position richtet man das Shinai gegenseitig senkrecht auf und geht mit dem Griff - von der Tsuba-Basis bis zur linken Hand - aufeinander zu. Das Shinai kommt auf der Panzerung, nicht auf dem Körper des Gegners, auf. Wenn man sich dem Gegner nähert, wendet man etwas mehr Kraft auf als dieser. Während man sich für jede Aktion des Gegners reaktionsbereit hält, geht man, auf die Körpermitte des Gegners zielend, an ihn heran. Der Abstand zwischen den eigenen Händen und dem Körper ist sehr wichtig. Ist der Abstand zu klein, so artet es nicht selten in ''Ausruhen'' aus, und man kann selbst nicht gut zuschlagen. Ist der Abstand zu groß oder bewegen sich die Hände auf und ab oder seitwärts, dann erleichtert man dem Gegner das Finden einer Schlaggelegenheit. Durch das gegenseitige Angreifen mit den Händen entstehen Schlaggelegenheiten. Sie werden jedoch leicht verpaßt, wenn nicht Körper und Geist genügend Ausdauer aufweisen.

Das Wegdrücken des gegnerischen Shinai beim Tsuba-zeriai

Da man beim Tsuba-zeriai unmittelbar aufeinander zukommt, wirkt die Kraft, die der Gegner ausübt, direkt auf einen selbst. Folglich ist eine Technik zweckmäßig, mit der man diese Kraft nutzen kann. Außerdem wird der Gegner leicht innerlich unruhig, so daß sich diese Unruhe unbewußt auf die Unterarme auswirkt und er entweder das Shinai krampfhaft umklammert oder versucht, einen wegzustoßen.

Diese Situation muß man erfassen und zum Wegdrücken des gegnerischen Shinai nutzen. Es gibt zwei Möglichkeiten, das Shinai wegzudrücken. Entweder stößt man den Gegner direkt weg und zerstört auf diese Weise sein Kamae oder man stößt den Partner erst an und schlägt dann auf die durch seine Reaktion freigewordenen Stellen.

Wie man das Kamae des Gegners von vorn rechts nach links unten zerstört.

1. Man bewegt den Griff langsam auf und ab. Allmählich, ohne dabei zu viel Kraft aufzuwenden, ändert man die Richtung der Bewegung und schwenkt den Griff jetzt von rechts oben nach links unten.

2. In dem Moment, in dem sich das gegnerische Shinai nach links unten senkt, spannt man die rechte Hand kurz aber kräftig an und drückt das Shinai nach unten.

3. Hat man das Kamae des Gegners schräg nach links unten abgewehrt, geht man sofort zum Schlag über.

Wie man das Kamae des Gegners von unten nach oben zerstört

1. Beide Gegner schwenken die Arme langsam auf und ab und suchen eine Schlaggelegenheit. Die Bewegungen müssen klein sein und mit dem Gefühl ausgeübt werden, als wolle man den Gegner in sie hineinziehen. Sind die Bewegungen zu rhytmisch, werden sie vom Gegner ausgenutzt.

2. Hat man den richtigen Moment abgefangen, hebt man den eigenen Griff unter den des Gegners.

Senkt man den Griff gewaltsam oder in einem ungeschickten Moment, so merkt es der Gegner. Man sollte daher beispielsweise den Moment erfassen, in dem der Gegner sein nach vorn gekipptes Shinai gerade aufrichten will.

3. In dem Moment, in dem sich beide Griffe gleichzeitig nach oben bewegen, muß der Griff des Gegners augenblicklich kurz und kraftvoll nach oben gestoßen werden.

Der Stoß soll auf die Brust des Gegners gerichtet sein. Gleichzeitig wird der linke Fuß zurückgesetzt, das Gleichgewicht verlagert und somit die nächste Bewegung vorbereitet.

4. Hat man durch Hochstoßen des Griffs das Kamae des Gegners zerstört, weicht man sofort mit dem linken Fuß zurück, um Abstand zu nehmen und leitet zum Hiki-Kote-Schlag (Kote-Schlag im Zurückweichen) oder Hiki-Do-Schlag (Do-Schlag im Zurückweichen) über.

Es muß schnell und unter Einsatz der Handgelenke gearbeitet werden.

Wie man das Kamae des Gegners von oben nach unten zerstört

1. Eine Gelegenheit abwartend bewegen beide Gegner die Arme langsam auf und ab. Die Armbewegung erfolgt wie in den voranbeschriebenen Erläuterungen.

2. Hat man eine Gelegenheit gefunden, hebt man den eigenen Griff über den des Gegners. Wie beim Zerstören der Kamae von unten nach oben, gehe man auch hier nicht gewaltsam vor.

Je nach dem gegnerischen Verhalten, das sich in seinen Handbewegungen äußert, wird die Richtung des Abwehrens, nach oben oder unten, gewählt.

3. In dem Moment, in dem sich beide Griffe senken, wird der Griff kurz aber kraftvoll nach unten gedrückt. Der Druck soll hierbei auf den Unterleib des Gegners gerichtet sein. Dabei setzt man den linken Fuß zurück, verlagert das Gleichgewicht und leitet so zur Vorbereitung der nächsten Bewegung über.

4. In dem Moment, in dem man den Griff des Gegners gesenkt und sein Kamae zerstört hat, nimmt man mit dem linken Fuß zurückweichend Abstand ein und geht zum Hiki-Men-Schlag (Men-Schlag im Zurückweichen) über.

Auch hier sind geschmeidige Handgelenke und ein schnelles Arbeiten erforderlich.

OYO — WAZA (angewandte Techniken)

SHIKAKE-WAZA (ANGRIFFSTECHNIKEN)

Die Kendotechniken werden in zwei große Bereiche eingeteilt und zwar in Kihon-Waza (Grundtechniken) und in Oyo-Waza (angewandte Techniken). Die Oyo-Waza lassen sich wiederum in zwei Gruppen aufteilen, nämlich in die Shikake-Waza (Angriffstechniken) und Oji-Waza (Kontertechniken).

Unter Shikake-Waza versteht man eine Technik, bei der man dem Gegner zuvorkommt, entweder indem man durch den eigenen Angriff beim Gegner eine Blöße entstehen läßt oder indem der Gegner selbst eine Blöße gibt.

Weist das Kamae des Gegners Mängel auf und sorgt der Gegner von sich aus für das Entstehen einer Blöße, kann man leicht angreifen. Meist muß man jedoch von sich aus angreifen und eine Blöße beim Gegner hervorrufen. Ein Kendo, bei dem man mit dem Zuschlagen so lange wartet, bis der Gegner von sich aus einen Fehler begangen hat, gewährleistet keinen Fortschritt. Im Kendo gibt es ein Sprichwort: ,,Selbst wenn man geschlagen wird, muß man immer selbst angreifen.'' Diesem Sprichwort entsprechend muß man eine positive Kampfeinstellung entwickeln, Mißerfolge sammeln und durch das Geschlagenwerden das richtige theoretische Prinzip erkennen lernen.

Die Oji-Techniken werden nicht von Anfang an erlernt. In der Regel erlernt man zuerst die Shikake-Techniken und geht erst, nachdem man sich diese einigermaßen angeeignet hat, zu den Oji-Techniken über. Versucht man durch Anwendung einer Shikake-Technik den Gegner zur Entstehung einer Blöße zu veranlassen, so spielen hier außerdem sehr viele psychologische Momente eine Rolle, so daß es unmöglich ist, diese Techniken in Kürze beherrschen zu wollen. Es sind Techniken, die man sich erst durch lebenslanges Training richtig zu eigen machen kann.

Solange man jung und kräftig ist, müssen die Bewegungen mit dem Körper erlernt werden. Durch häufiges Training sorgt man dafür, daß die Bewegungen allmählich reflexartig ausgeübt werden. Werden Muskeln und Nerven nicht regelmäßig trainiert, kommt es automatisch zu einer Rückbildung, so daß selbst einmal erlernte Techniken, beim Vernachlässigen des Trainings nicht mehr anwendbar sind. Wie auch in den Kapiteln über ,,Zusammensetzung der Kendo-Techniken'' und ,,Die Methode zum Erlernen des Kendo'' beschrieben, ist es wichtig, ununterbrochen zu trainieren.

Geht man von der Voraussetzung aus, daß Kendo eine Trainingsart ist, in der der gesamte Körper (und Geist) des Menschen in Anspruch genommen wird, so ist es auch verständlich, daß Angriffe, die zum unbeabsichtigten Entstehen von Blößen beim Gegner führen sollen oder Methoden, mit denen man versucht eine Blöße beim Gegner zu finden, nur dann erfolgreich angewendet werden können, wenn sie **gleichzeitig** erlernt werden. Somit läßt sich auch sagen, daß die perfekte Aneignung der Shikake-Techniken den ersten Schritt zum Fortschritt bietet.

Die wichtigsten Techniken sind in der Tabelle wie folgt aufgeführt:

Shikake-Techniken	Okori-Techniken	Debana-Techniken	Men, Kote, Do
		Hikibana-Techniken	Men, Kote, Do
	Harai-Techniken		Men, Kote, Do, Tsuki
	Renzoku-Techniken	Nidan-Techniken	Kote-Men, Kote-Do, Men-Do, Tsuki-Men, Tsuki-Kote
		Sandan-Techniken	Kote-Men-Do
	Hiki-Techniken		Men, Kote, Do
	Katsugi-Techniken		Men, Kote, Do
	Katate-Techniken		Men, Migi-Men, Tsuki

Schautafel der Kombinationsmöglichkeiten

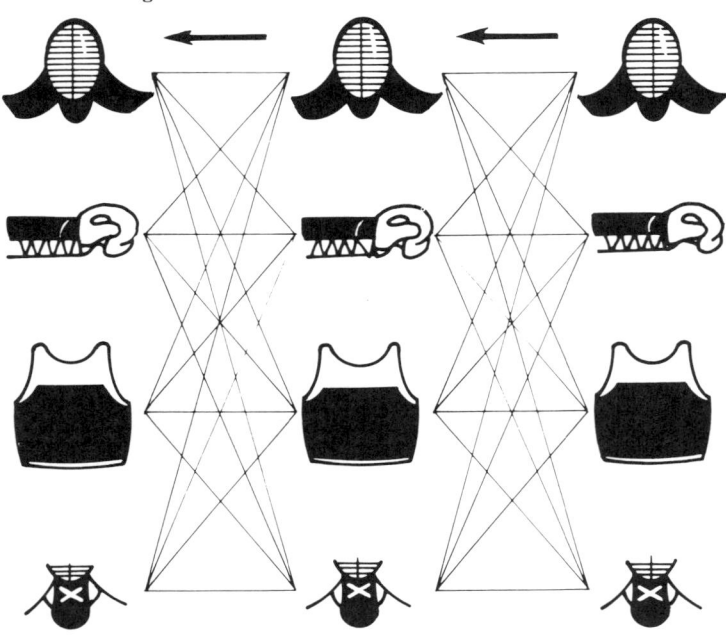

Wie aus der Abbildung hervorgeht, beschränken sich die Shikake-Techniken nicht auf die Ein-Schlag-Methode. Es gibt außerordentlich viele Schlagkombinationen, von denen einige hier aufgezeigt werden.

Okori-Waza (Schlagtechniken, die ausgeführt werden, wenn der Gegner im Begriff ist zu schlagen).

Die wichtigste Angriffsgelegenheit bietet der Moment, in dem der Gegner gerade im Begriff ist anzugreifen. Selbst ein Gegner, der viele Techniken beherrscht, kann sich einem in diesem Moment angewandten Angriff nicht widersetzen.

Man zielt darauf ab, in dem Moment anzugreifen, in dem der Gegner mit seinem eigenen Angriff beginnen will. Folglich ist es zu spät, erst dann anzugreifen, wenn die Bewegungen des Gegners sichtbar werden; man muß schon schlagen, wenn man den Moment gefühlsmäßig wahrgenommen hat. Diese Gelegenheit nennt man ,,Sen-Sen-no-Sen'' (,,Vor-dem-Zuvorkommen zuvorkommen''), d. h. man muß angreifen, bevor der gegnerische Angriff äußerlich sichtbar geworden ist. Das heißt, daß hier die Anwendung von Metsuke und das Ausführen schneller, tollkühner Bewegungen notwendig wird. Es gibt hierfür Debana-Waza und Hikibana-Waza. Diese gliedern sich jeweils in Men-, Kote-, Do- und Tsuki-Waza, die im einzelnen beschrieben werden.

Debana-Waza

Debana-Men

Ohne sich von den Bewegungen des Gegners irreführen zu lassen, versucht man den Gegner zu einem unmöglichen Angriff herauszufordern und hält den Moment der Entstehung des gegnerischen Angriffs fest, um in diesem Augenblick anzugreifen.

1. In der Chudan-Position sucht man nach einer Schlaggelegenheit.

2. Hat man den Beginn des gegnerischen Angriffs erfaßt, geht man mit der Fumikomi-Fußarbeit zum Schlag über.

3. Der Men-Schlag erfolgt. Da sich beide vorwärts bewegen wird das Maai sehr eng, wodurch man leicht mit dem Tsuba-Moto auftrifft.

Man über so, daß man mit dem Mono-Uchi auftrifft.

Debana-Kote

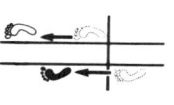

Wie beim Men-Schlag, sucht man nach einer Gelegenheit und erfaßt den richtigen Moment, in dem sich der gegnerische Griff oder das Kensen hebt.

Der Schlag muß kurz sein und schnell erfolgen. Hier wurde allerdings in der Abbildung eine große Technik gezeigt, um Shinai- und Bewegungsverlauf deutlich zu machen.

1. In der Chudan-Position wird eine Schlaggelegenheit gesucht.

2. In dem Moment, in dem der Gegner mit seinem Angriff beginnen will, und sich sein Griff hebt, geht man zur Schlagbewegung über.

106

3. Man schlägt flink zu. Die Bewegung erfolgt kurz und schnell. Man darf nicht, aus Furcht gekontert zu werden, zögern.

4. Man trifft auf das Kote. Nach Ausführung des Kote-Schlages richtet man das Kensen über das Kote hinweg auf das Tsuki, als wolle man darauf stoßen und übt auf diese Weise Zanshin aus.

Hikibana-Waza

Während die Debana-Technik durch das unmittelbare Schlagen in dem Moment, in dem der Gegner im Begriff ist anzugreifen, zustande kommt, wendet man eine Hikibana-Technik in dem Moment an, in dem der Gegner, unfähig einem Angriff standzuhalten, zurückweichen muß, um seine eigene Haltung zu wahren. Den Moment also, in dem der Gegner einen großen Abstand (Toma) einnehmen will, muß man erfassen und sofort zuschlagen.

Wird man erst dann tätig, wenn der Gegner schon zurückgewichen ist, ist das Maai zu groß, so daß die eigene Körperhaltung zerstört wird und man selbst eine Blöße zeigt. Deshalb muß man sich genügend stark mit dem linken Fuß abstoßen und mutig zuschlagen.

Hikibana-Men

1. Während man den Gegner bedrängt, wartet man gespannt auf eine Gelegenheit.
Je nachdem, ob sich das gegnerische Kensen hebt oder senkt, wählt man zwischen den Schlagzielen Men oder Kote.

107

2

2. Man paßt den Moment ab, in dem der Gegner mit gesenktem Kensen im Begriff ist zurückzuweichen und leitet
die Schlagbewegung ein.

3

3. Man stößt sich stark mit dem linken Fuß ab und schlägt
mutig zu. Stößt man sich nicht stark genug ab und benötigt
man zur Ausübung eines Schlages mehr als zwei Schritte, so
kann es passieren, daß der Gegner von sich aus den Schlagabstand verringert und man seinerseits geschlagen wird.

4

4. Man trifft auf das Men. Die Entfernung muß gut abge-
schätzt werden, um mit dem letzten Shinai-Drittel aufzutreffen.

Hikibana-Kote

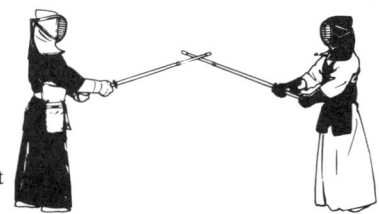
I

1. Während man aus der Chudan-Position angreift, sucht
man nach einer günstigen Gelegenheit.

2. Kann der Gegner dem psychischen Druck nicht mehr widerstehen und weicht, seinen Griff etwas hebend, zurück, leitet man die Schlagbewegung ein.

3. Indem man sich stark mit dem linken Fuß vom Boden abstößt, schlägt man mit einer kurzen Bewegung zu.

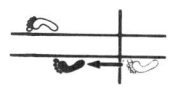

4. Man trifft auf das Kote. Das Kensen auf des Gegners Tsuki gerichtet übt man Zanshin aus und bereitet sich auf den nächsten Schritt vor.
Die rechte Hand wird sofort entspannt.

Harai-Waza

Diese Angriffstechnik wird angewendet, wenn der Gegner hartnäckig seine Chudan-Position wahrt oder sein Shinai krampfhaft umspannt hält. Durch seitliches oder senkrechtes Wegschlagen des gegnerischen Shinai erhält man eine Gelegenheit und schlägt dann zu.
Beim Wegschlagen des Shinai ist auf folgende Punkte zu achten:
1. Man bewege das Shinai halbkreisförmig nach oben und wehre auf halbem Wege ab. Dadurch erfolgen Abwehr und Ausholen in einer Bewegung.
2. Man schlage mit dem Mono-Uchi des eigenen Shinai das gegnerische Shinai zwischen Mitte und Tsuba-Moto weg.

3. Man versuche den Moment auszunutzen, in dem der Gegner mit einem Angriff beginnt. Die rechte Hand wird nur im Moment des Wegschlagens stark angespannt. Hält der Gegner sein Kensen hoch, so wehre man seitlich ab; ist es tief, so wehre man nach unten ab.

Harai-Men (Abwehren des gegnerischen Shinai nach links oben)

1. In der Chudan-Position wartet man gespannt auf eine Gelegenheit.

2. Mit dem rechten Fuß beginnend bewege man sich vorwärts und leite, der oben gezeichneten Skizze entsprechend, die Harai-Bewegung ein. Mit gestrecktem rechten Arm drehe man die rechte Hand nach rechts und spanne sie nur im Moment des Wegschlagens an.

3. Jetzt wird das gegnerische Shinai stark nach links oben weggeschlagen. Man holt in unveränderter Richtung aus. Die rechte Hand wird nach der Wegschlagbewegung sofort entspannt.

4. Während man die rechte Hand entspannt, beginnt man auszuholen. Hat man die Wegschlagbewegung beendet, setzt man den linken Fuß an den rechten und bereitet sich für das zum Ausführen des Men-Schlages notwendige Abstoßen mit dem linken Fuß vor.

5. Man holt aus und schlägt in Richtung des Men. Abwehr-, Aushol- und Schlagbewegung sind in einem Bewegungsablauf auszuführen. Es dürfen zwischendurch also keine Pausen eingelegt werden.

6. Man bewegt sich bei der Schlagausführung mit Fumi-komi-Ashi vorwärts.

7. Das Shinai trifft auf das Men.
Hat man das gegnerische Shinai stark genug weggeschlagen, zeigt das gegnerische Kensen nach links, und da der Gegner hierbei gelegentlich die linken Hand vom Tsuka löst, kann man ihn dann leicht schlagen. Da jedoch bei zu schwachem Wegschlagen das Kensen nicht von der Mittellinie weicht und man folglich den Gegner nicht schlagen kann, schlage man das gegnerische Shinai ohne zu zögern kraftvoll weg.

Harai-Men (nach rechts oben wegschlagen)

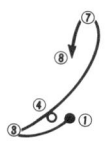

1. In der Chudan-Position eine Gelegenheit gespannt abwarten.

2

2. Mit dem rechten Fuß beginnend bewege man sich flink vorwärts und gehe den Abstand verkleinernd zur Wegschlagbewegung über.

3

3. Das Kensen ein wenig nach links unten senkend leitet man die Wegschlagbewegung ein.
Die Bewegung muß kurz und schnell erfolgen.

4

4. Jetzt schlage man das gegnerische Shinai nach rechts oben weg. Während man die rechte Hand nach links dreht, muß stark geschlagen werden. Da man bei dieser Bewegung mehr Kraft anwenden kann, als bei der Harai-Technik, wo das Shinai nach links oben weggeschlagen wird, ist sie leichter anzuwenden.

Bei der Ausübung dieser Wegschlagbewegung darf der rechte Arm nicht gebeugt werden. Die Bewegung muß mit dem Gefühl ausgeübt werden, als wolle man den rechten Arm mit voller Kraft nach vorn stoßen.

5

5. Nach Ausübung der Wegschlagbewegung entspanne man die rechte Hand sofort und hole auf der Mittellinie aus. Die linke Hand bleibt weiterhin angespannt. Mit der rechten Hand geht man nach Beendigung der Wegschlagbewegung in einem Zuge zur Ausholbewegung über.

6

6. Während man ausholt, wird der linke Fuß an den rechten herangesetzt.

7

7. Hat man die Ausholbewegung beendet, und befindet sich der linke Fuß am rechten, wird zugeschlagen.

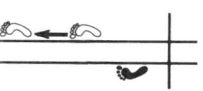

8

8. Mit einem Fumikomi-Schritt schlägt man Shomen. Die Technik wird dann wirksam, wenn man den Moment des Wegschlagens mit dem Moment verbindet, in dem der Gegner seinen Angriff gerade beginnen möchte.

I

Harai-Men (von oben nach unten wegschlagen)

Diese Harai-Technik wird dann benutzt, wenn das Kensen des Gegners niedriger als in der Chudan-Position üblich ist.

1. In der Chudan-Position eine Gelegenheit aufmerksam abwarten.

2

2. Während man mit dem rechten Fuß beginnend das Maai verkleinert, geht man, der Skizze entsprechend, von rechts oben beginnend zur Harai-Bewegung über.

3

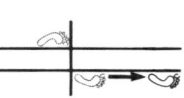

3. Diese wegschlagende Bewegung wird so begonnen, daß man, zwischen Mitte und Tsuba-Moto des gegnerischen Shinai zielend, versucht, das Shinai mit einer umwickelnden Bewegung hinunterzuschlagen.

4

4. Jetzt wird das gegnerische Shinai mit der umwickelnden Bewegung zwischen Mitte und Tsuba-Moto hinuntergeschlagen.

5

5. Man achte darauf, die Wegschlagbewegung nicht allein mit den Händen auszuüben. Das Gleichgewicht muß nach vorn verlagert werden, damit auf diese Weise Abwehr und Schlag in einem ununterbrochenen Bewegungsablauf erfolgen.

114

6.   Hat man die Wegschlagbewegung beendet, entspannt man gleichzeitig die rechte Hand und beginnt, der in der Skizze verdeutlichten Shinaibewegung entsprechend, mit der Ausholbewegung.

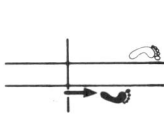

7.   Hat man die Ausholbewegung beendet, wird der linke Fuß nachgezogen und dann mit Fumikomi-Ashi vorwärts gegangen.

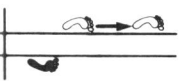

8.   Jetzt schlägt man Shomen. Die in diesem Abschnitt erläuterte Harai-Technik ist zwar einfacher auszuführen als die nach schräg links oben ausgeübte Technik, jedoch muß vor dem Wegschlagen sehr vorsichtig vorgegangen werden, damit der Gegner nicht die Absicht des Angreifers errät.

Harai-Kote

Diese Technik ist bei Gegnern mit hohem Kensen sehr wirkungsvoll. Man muß kurz und schnell schlagen.

1.   In der Chudan-Position wartet man gespannt auf eine Gelegenheit.

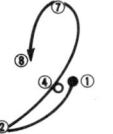

2. Während man mit dem rechten Fuß in das Maai hineintritt, leitet man — der Skizze folgend — die wegschlagende Bewegung ein.

Man senke das eigene Kensen schnell und mit kleiner Bewegung schräg nach links unten.

3. Mit der rechten Hand wird das gegnerische Shinai stark nach rechts oben weggeschlagen.

Die linke Hand hält das Shinai sehr fest und verläßt die Mittelachse nicht. Die rechte Hand wird nach links gedreht. Mit dem Gefühl, als wolle man stark nach vorn vorstoßen, schlägt man das gegnerische Shinai möglichst nahe am Griff weg.

4. Nachdem man das Shinai „weggefegt" hat, entspannt man die rechte Hand, führt sie auf die Mittelachse zurück und beginnt auszuholen.

Man hält das Shinai mit der linken Hand fest umschlossen, um es, nachdem man die rechte Hand entspannt hat, wieder leichter auf die Mittelachse zurückführen zu können.

5. Der linke Fuß wird neben den rechten gesetzt, und man beginnt mit dem Kote-Schlag. Als wolle man mit den Händen auf den Gegner losstürzen, zieht man das gegnerische Shinai abwehrend hoch.

6. Ausholen.
Die Bewegung muß kurz und schnell erfolgen. In der Abbildung ist weit ausgeholt worden, um den Verlauf der Shinaibewegung deutlich zu machen.

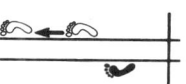

7. Kurz ausholend macht man, mit dem rechten Fuß beginnend, einen Fumikomi-Schritt nach vorn und schlägt auf das rechte Kote.

8. Man trifft auf das rechte Kote.
Es wird mit gestrecktem rechten Arm geschlagen. Schlägt man mit gebeugtem rechten Ellenbogen und nimmt dabei eine zurückweichende Haltung ein, trifft man garantiert mit dem Shinai auf dem Tsuba auf.

Harai-Do

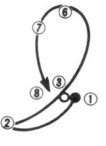

1. In der Chudan-Position aufmerksam eine Gelegenheit abwarten.

2. Mit dem rechten Fuß beginnend begibt man sich in das Maai und leitet die Harai-Bewegung ein.

3. Dem Skizzenverlauf folgend schlägt man das gegnerische Shinai stark nach schräg rechts oben weg.
Die Harai-Bewegung gleicht den vorangegangenen Harai-Bewegungen. Allerdings muß bei dieser Harai-Bewegung mehr Kraft angewandt werden, als bei den vorangegangenen.

4. Der Do-Panzer muß nach Beendigung der Harai-Bewegung hinreichend ungedeckt sein. Daher schlage man das gegnerische Shinai am Tsuba-Moto weg.

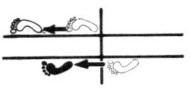

5. Gleichzeitig mit dem Ende der Harai-Bewegung wird die rechte Hand entspannt und das Shinai auf der Mittellinie aufwärts bewegt.

6. Der linke Fuß wird an den rechten gesetzt und die Abwärtsbewegung eingeleitet.

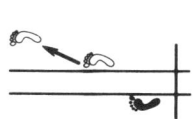

7

7. Indem die Handgelenke nach links gedreht werden, beginnt man mit dem Do-Schlag.
Entspannt man die linke Hand, so sinkt das eigene Kensen, und man verfehlt sein Ziel.

8

8. Der rechte Fuß wird schräg nach rechts vorn gesetzt und man schlägt auf den rechten Do-Panzer. Hierbei darf man keinesfalls mit der Hüfte ausweichen.
Weicht man nach links aus, trifft man sehr leicht auf den Rücken des Gegners; daher weiche man mit dem Körper zunächst nach rechts aus. Allmählich beschleunigt man die einzelnen Bewegungen und trainiert so, daß man sowohl nach rechts als auch nach links ausweichend schlagen kann.

Harai-Tsuki

I

1. In der Chudan-Position eine Gelegenheit abwarten.

2

2. Mit dem rechten Fuß beginnend begibt man sich in das Maai und leitet dann die Harai-Bewegung ein.
Hierbei dreht man die rechte Hand nach rechts, so daß man sie von schräg rechts oben nach links unten bewegen kann.

119

3. Von der Shinai-Mitte zum Tsuba-Moto hin bewegt man das eigene Shinai zum Gegner.
Dabei wird die rechte Hand nach links gedreht.

4. Jetzt schlägt man das gegnerische Shinai stark nach links unten weg.
Während man das Shinai mit einer „Wickelbewegung" nach unten schlägt, darf man nicht mit der Hüfte zurückweichen.

5. Beim Abwehren wird gleichzeitig die rechte Hand entspannt. Das Kensen ist auf das Tsuki gerichtet und indem man mit der Spitze einen kleinen Kreis zeichnet, geht man flink zur Chudan-Position zurück.

6. Während man wieder die Chudan-Position einnimmt, spannt man die linke Hand stark an. Die rechte Hand wird ebenfalls angespannt, aber weniger um das Shinai zu halten, als sich mit Kraft zum Stich stark vorwärts bewegen zu können.

7. Mit unverändertem Kamae stößt man zur Kehle des Gegners.
Beide Hände werden hierbei nach innen gedreht, als wollte man ein Tuch auswringen.

8. Man stößt zu.
Da man diese Technik auch mit seitlicher Abwehr ausüben kann, trainiere man beide Methoden. Diese Technik kann effektvoll angewendet werden gegen Gegner, die in den Maai hineinrücken und einen verkrampften Griff haben bzw. deren Kensen tief liegt. Man wende diese Technik erst nach Aneignen des Tenouchi an.

Renzoku-Waza (Schlagfolge. Nidan- und Sandan-Waza)

Man unterscheidet zwischen zwei Komponenten der Renzoku-Techniken:
1. Man läßt bewußt den ersten eigenen Angriff vom Gegner verhindern, um dann auf eine durch seine Bewegung freigewordene Stelle schlagen zu können.
2. Ist der erste Angriff tatsächlich mißglückt, schlägt man unverzüglich auf eine andere freigewordene Stelle.
In beiden Fällen wird man nicht zum Angriff verleitet, sondern unternimmt den ersten Angriff gezielt. Da beide Schläge in einem Zuge erfolgen, ist eine gute Fußarbeit von großer Wichtigkeit. Wenn man zum zweiten Angriff übergeht, muß der linke Fuß besonders schnell an den rechten gezogen werden, um das Ausüben des nächsten Schlages zu erleichtern und zu unterstützen. Unabhängig von der Anzahl der Schläge, muß man stets dem Prinzip der Einheit von Ki-Ken-Tai nachkommen. So lange man jung ist und die Beine und Füße kräftig sind, ist es notwendig, diese Techniken ausgiebig zu trainieren bzw. sich anzueignen.
Es gibt folgende Kombinationsmöglichkeiten:
Vom Kote zum Men, vom Kote zum Do, vom Men zum Do, vom Tsuki zum Men, vom Tsuki zum Kote, vom Kote über das Men zum Do, etc.

Vom Kote zum Men

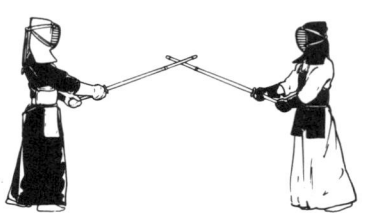

1. In der Chudan-Position wartet man auf eine Gelegenheit.

2. Ergibt sich eine Gelegenheit, so leitet man zuerst den Kote-Schlag ein.

Diese Technik kann erfolgreich gegen Gegner angewendet werden, die dem Kote-Schlag ausweichen, indem sie ihr Kamae sinken lassen oder durch Zurückziehen ihrer Hände versuchen, auszuweichen oder mit dem Shinai ausweichen.

3. Mit dem rechten Fuß beginnend unter Anwendung der Fumikomi-Fußarbeit, erfolgt der Schlag. Das rechte Kote wird geschlagen.

Selbst wenn der Kote-Schlag auf dem Arm des Gegners auftreffen sollte, soll man während des Trainings weiter auf das Men schlagen, da ja diese Kombinationstechnik geübt werden soll.

4. Nach dem Kote-Schlag wird der linke Fuß sofort nachgezogen und gleichzeitig mit der Ausholbewegung der Men-Schlag eingeleitet.

Diese Bewegung muß ohne Unterbrechung in einem Zuge erfolgen.

122

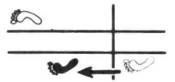

5. Hat man den linken Fuß an den rechten gesetzt, stößt man sich gleichzeitig stark vom Boden ab, übt mit dem rechten Fuß einen Fumikomi-Schritt aus und beginnt mit der Abwärtsbewegung. Da die Fumikomi-Fußarbeit grundsätzlich bei den Kombinationstechniken angewendet wird, muß man sie sich sehr gut aneignen.

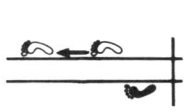

6. Man schlägt in Richtung Shomen.
Da der Gegner gerade zurückweicht, muß mit gestrecktem rechten Arm, schnell und zügig geschlagen werden.

7. Man trifft das Shomen.
Es gibt auch eine Variationsmöglichkeit, indem man dem Gegner nach Ausübung des Schlages gleich mit Tai-atari (Zusammenstoßen der Körper) begegnet, seine Haltung dadurch zerstört und einen weiteren Men-Schlag anbringt.

Vom Kote zum Do

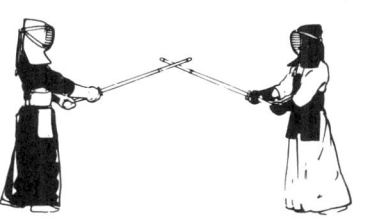

1. In der Chudan-Position wartet man auf eine passende Gelegenheit.
Diese Technik kann erfolgreich bei Gegnern angebracht werden, die dem Kote-Schlag durch Aufwärtsbewegen des Shinai ausweichen wollen oder versuchen, nach oben abzuwehren. Die Übergangsbewegung vom Kote zum Do muß besonders schnell erfolgen, da die Technik sonst mißlingt.

2. Mit dem rechten Fuß beginnend bewegt man sich stark unter Anwendung der Fumikomi-Fußarbeit, vorwärts und schlägt mit kurzer Bewegung in Richtung Kote.
In der Abbildung wird zwar zur Verdeutlichung eine große Bewegung gezeigt; es ist jedoch eine kurze schnelle Bewegung notwendig.

3. Der Gegner holt aus, um sich dem Kote-Schlag zu entziehen und selbst anzugreifen.

4. Der linke Fuß wird sofort an den rechten heran gesetzt und der Do-Schlag eingeleitet.
Das Ansetzen des linken Fußes und die Aufwärtsbewegung des Shinai erfolgen in einem Bewegungsablauf. Dadurch wird eine schnelle Bewegung ermöglicht.

5. Aus derselben Kote-Schlag-Position wird nochmals ausgeholt und mit dem Shinai zum Do-Schlag angesetzt. Gleichzeitig, mit dem schnellen Nachsetzen des linken Fußes, wird ausgeholt.

6. Hat man die Aufwärtsbewegung beendet, wird gleichzeitig, mit dem rechten Fuß beginnend, unter Anwendung
der Fumikomi-Fußarbeit, vorgetreten, und die rechte Hand
nach innen drehend schnell zum Do-Schlag übergeleitet.
Der Do-Schlag läßt sich leichter ausführen, wenn man einen
Ausfallschritt nach rechts unternimmt. Erst wenn man den
Abstand ermessen kann und das Tenouchi erlernt hat, trainiert man auch diese Technik mit einem Ausfallschritt nach
links.

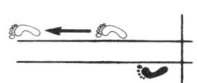

7. Während man mit dem rechten Fuß vortritt, schlägt
man auf das Do.

8. Der Schlag trifft auf das Do.
Nachdem man das Gleichgewicht auf den rechten Fuß verlagert und den linken Fuß an den rechten gesetzt hat, folgt
ein Ausfall-Schritt nach rechts.
Vom Kote-Angriff zum Do-Schlag müssen die Bewegungen
besonders schnell erfolgen. Diese Technik gelingt daher nur,
wenn man ein geschmeidiges Tenouchi beherrscht. Sie ist
sehr gut als Trainingsmethode zur Aneignung von Flexibili-
tät und Schnelligkeit geeignet.

Vom Men zum Do

Der Men-Schlag wird vom Gegner aufgefangen, so daß dadurch dessen Do bloßgelegt ist und man dort schlagen kann.
1. In der Chudan-Position wartet man eine Gelegenheit
ab.
Die Überleitungsbewegung vom Men zum Do-Schlag muß
schnell und mit flexiblem Tenouchi ausgeführt werden.

125

2. Hat man eine Gelegenheit erfaßt, holt man zum Men-Schlag aus.
Der Men-Schlag soll keine List sein und muß daher mit gestrecktem rechten Arm, d. h. sich selbst überwindend, ausgeführt werden.

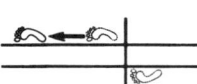

3. Unter Anwendung der Fumikomi-Fußarbeit schlägt man Shomen.
Beim Shomen-Schlag muß das korrekte Maai eingenommen werden. Geht man zu weit vor, verkleinert sich das Maai, und man kann das Do nicht mehr schlagen.

4. Der Shomen-Schlag wird vom Gegner aufgefangen.
Das Nachziehen des linken Fußes, das Beugen des bis dahin gestreckten rechten Armes und die Ausholbewegung müssen gleichzeitig und korrekt ausgeführt werden, um mit der nächsten Bewegung beginnen zu können.

5. Ohne zu zögern, holt man zum Do-Schlag aus.
Da man in dem kurzen Moment zuschlägt, in dem der Gegner den Men-Schlag aufgefangen hat und den nachfolgenden Do-Schlag erspürt, muß die Überleitungsbewegung möglichst schnell erfolgen.

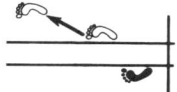

6

6. Während man den rechten Fuß schräg nach rechts vorsetzt, beginnt man mit dem Do-Schlag.
Schon nach Beendigung der Ausholbewegung muß die rechte Hand zur Ausführung des Do-Schlages korrekt gedreht sein.

7

7. Man schlägt auf die rechte Do-Seite, bevor man mit dem Körper nach rechts ausweicht. Die linke Hand, bewegt sich weiterhin angespannt auch jetzt auf der Mittelachse.

8

8. Man trifft auf die rechte Do-Seite, macht einen rechten Ausfallschritt und stellt sich dem Gegner korrekt gegenüber.
Nachdem man sich das Ki-Ken-Tai-Itchi und das Tenouchi angeeignet hat und einen korrekten Maai einnehmen kann, trainierte man diese Technik auch mit linkem Ausfallschritt.

Vom Tsuki zum Men

I

1. In der Chudan-Position wartet man auf eine Schlaggelegenheit.
Wenn der Gegner auf den Tsuki-Angriff mit Auflösen des Kamae, durch Zurückweichen˙ oder Schützen reagiert, schlägt man anschließend auf das Men.
Da man vor dem Tsuki-Angriff immer große Angst empfindet und man dadurch stets zu irgendwelchen Bewegungen gezwungen wird, ist diese Technik eine der erfolgreichsten Angriffsmethoden.

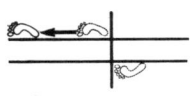

2. Aus dem Kamae auf die Kehle zustoßen.
Da man beim Stoß mit der rechten Hand leicht zuviel Kraft aufwendet, bemühe man sich, weniger Kraft in den Griff, als in das Vorstoßen zu legen.

3. Durch den, vom Tsuki-Angriff ausgelösten, psychischen Druck eingeschüchtert, öffnet der Gegner sein Kamae im Zurückweichen ein wenig nach rechts und vergrößert das Maai.
Bei Gegnern, die im Zurückweichen in eine zurücklehnende Körperhaltung verfallen, öffnet sich das Kamae oft nach rechts und wird damit zerstört.

4. Der Gegner verlagert sein Gleichgewicht nach rückwärts, indem er sich nach hinten lehnt. In diesem Augenblick beginnt man mit dem Men-Schlag.

5. Der linke Fuß wird an den rechten gesetzt und gleichzeitig wird ausgeholt.
Der beim Stoß gestreckte rechte Arm wird jetzt gebeugt und gleichzeitig der linke Fuß an den rechten gezogen. Die beiden Bewegungen müssen gleichzeitig und schnell erfolgen.

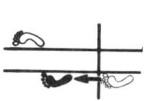

6. Bei Beendigung der Ausholbewegung wird das Gleichgewicht nach vorn verlagert und der Shomen-Schlag eingeleitet.

7. Unter Anwendung der Fumikomi-Fußarbeit schlägt man jetzt mit vollem Einsatz zum Shomen.
Wenn der Gegner nicht zurückweicht, sondern sich nach hinten lehnt, wird das Maai zu klein. Hierauf ist besonders zu achten.
Bei Gegnern, die noch einen Schritt zurückweichen, muß kräftig vorgesprungen werden.

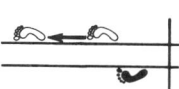

8. Man trifft auf das Shomen.
Sollte man nicht auftreffen, so stoße man mit Tai-atari gegen den Gegner, zerstöre auf diese Weise sein Kamae und versuche einen erneuten Shomen-Angriff.

Vom Tsuki zum Kote

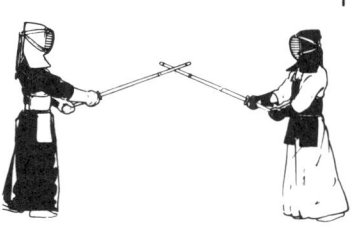

1. In der Chudan-Position sucht man aufmerksam eine Gelegenheit.
In dem Moment, in dem der Gegner (sich vor dem Tsuki-Angriff schützend) das Shinai seines Angreifers nach links drückt (vom Angreifer gesehen nach rechts), schlägt der Angreifer auf das hierdurch bloßgelegte rechte Kote.

2. Bei passender Gelegenheit wird, ohne das Kamae zu ändern, mit dem rechten Fuß beginnend, die Ausführung des Tsuki-Stoßes eingeleitet. Der Gegner versucht sich zu schützen, indem er das Shinai des Angreifers nach links drückt.

Weicht der Gegner zurück, während er das Shinai nach links drückt, wird durch die Vergrößerung des Abstandes der weitere Angriff erleichtert. Drückt er das Shinai jedoch nur mit den Händen nach links ohne zurückzuweichen, wird das Maai zu eng und der nächste Angriff erschwert. Man achte deshalb gut auf den Abstand.

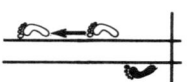

3. Jetzt wird der linke Fuß nachgezogen, und (dem gegnerischen Shinai schnell ausweichend) mit kurzer Bewegung ausgeholt.

Aus den Handgelenken heraus schlägt man mit kurzer aber kräftiger Bewegung.

4. Unter Anwendung der Fumikomi-Fußarbeit wird auf das rechte Kote geschlagen.

Bei Gegnern mit verkrampften Händen und damit „hartem" Kamae kann diese Technik nach langer Spannung effektvoll angewendet werden. Für diejenigen, die das Tenouchi jedoch nicht richtig beherrschen, ist diese Technik schwierig anzuwenden.

Vom Kote über das Men zum Do

1. In der Chudan-Position sucht man eine Gelegenheit.

Es handelt sich hier um eine San-Dan-Technik (Drei-Stufen-Kombinationstechnik). Ist der Angriff vom Kote zum Men mißlungen, wird ein dritter Angriff auf das Do unternommen.

Unter Aufbietung der gesamten Körper- und Geisteskräfte schlägt man dann, wenn die gegnerischen Kräfte erschöpft sind.

130

2. Bei passender Gelegenheit holt man mit kleiner Bewegung zum Kote-Schlag aus.

In der Abbildung wird zur Verdeutlichung des Verlaufs der Shinai-Bewegung eine große Bewegung gezeigt.

3. Die Handgelenke benutzend wird korrekt auf das rechte Kote geschlagen. Man stoße sich stark mit dem linken Fuß ab, um die Kombinationstechnik in einem Zuge durchführen zu können.

4. Der Gegner dreht seine Handgelenke nach links und weicht, sein Kote schützend, zurück.

5. Den linken Fuß nachziehend, wird sofort zum Men-Schlag übergeleitet.

Das Nachziehen des linken Fußes und die Ausholbewegung müssen gleichzeitig und schnell erfolgen.

131

6. Jetzt wird zum Shomen-Schlag ausgeholt.

7. Unter Anwendung der Fumikomi-Fußarbeit wird Shomen geschlagen.

Man strecke den rechten Arm und führe den Schlag korrekt aus.

Führt man den Schlag mit angewinkelten Armen aus, sind Fußarbeit und Ausholbewegung des nächsten Bewegungsablaufes nicht in einem Zuge ausführbar.

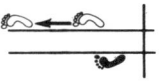

8. Der Shomen-Schlag wird vom Gegner aufgefangen.

9. Während der linke Fuß unmittelbar nachgezogen wird, holt man zum Do-Schlag aus.

Auch diese Bewegungen, Nachziehen des linken Fußes und Ausholen, müssen so lange trainiert werden, bis sie in einem Bewegungsablauf schnell und reibungslos ausgeführt werden können.

10. Mit einem Fumikomi-Schritt wird der Do-Schlag eingeleitet.
Auch der Do-Schlag muß schnell und mit korrekter Führung des rechten Armes ausgeführt werden.

11. Mit dem rechten Fuß nach rechts vortretend, schlägt man jetzt auf die rechte Do-Seite.
Man läßt die rechte Hand gut wirken und trainiert so lange, bis man korrekt, schnell und stark schlagen kann. Man achte darauf, daß das Schlagen nicht durch Verringerung des Abstands erschwert wird.

12. Der Schlag trifft auf der rechten Do-Seite des Gegners auf. Man weicht dabei nach rechts aus und stellt sich korrekt dem Gegner gegenüber.
Da man durch das Hintereinanderschlagen der drei Techniken außer Atem gerät, und auch die Fußarbeit erlahmt, muß diese Kombination sehr oft trainiert werden.
Da auch der Gegner ermüdet, versuche man in dem Moment zu schlagen, indem seine gesamten Kräfte verbraucht sind.
Ferner gibt es die Kombinationstechnik: ,,Kote-Men-Men''.

Hiki-Waza (Techniken im Zurückweichen)

Im Gegensatz zu den aus dem Issoku-Itto-no-Maai ausgeübten Techniken werden die Techniken, die aus dem nahen Tsuba-zeriai (Kreuzung der Shinai im Nahkampf) ausgeübt werden, Hiki-Techniken genannt. Diese Techniken sind schwer, da der Abstand voneinander klein und die Zeit zur Ausführung der Technik sehr kurz ist.
Um mit dem zum Auftreffen bestimmten Shinai-Teil korrekt auftreffen zu können, ist es wichtig, schnell und mit kräftigen Handgelenken zu schlagen.

Hiki-Men

1. Den Regeln des Tsuba-zeriai entsprechend geht man aufeinander zu und wartet gespannt eine Gelegenheit ab.
Den eigenen Abstand absichernd, geht man mit ganzem Mut zum Tsuba-zeriai aufeinander zu. Die gegnerische Kraft ausnutzend schlägt man mit ganzer Kraft.

2. Entweder schafft man eine Blöße, indem man den Griff des Gegners niederdrückt, oder man drückt die Hände des Gegners nach oben, worauf dieser reflexartig seinen Griff senkt und nutzt diesen Moment zum Shomen-Schlag aus.

3. In dem Moment, in dem sich die Hände des Gegners senken, holt man gleichzeitig aus und weicht mit dem linken Fuß nach hinten aus.
Aus den Handgelenken heraus holt man kurz und kräftig aus.

4. Während man den rechten Fuß an den linken zieht, schlägt man auf das Shomen. Indem man einen großen Schritt zurücksetzt, schlägt man, den rechten Arm strekkend, mit einem großen Schritt, mit dem Mono-Uchi korrekt auf das Men.

134

Hiki-Kote

Das gegnerische Kamae wird seitlich angegriffen, indem der Angreifer das gegnerische Tsuba-Moto stark nach rechts oder links drückt. In dem Moment, indem der Gegner reflexartig mit seinem Shinai nach rechts zurückdrückt, schlägt man zurückweichend auf das rechte Kote des Gegners.

1. Gespannt wartet man im Tsuba-zeriai eine Gelegenheit ab.

Beim Aufeinanderzugehen wendet man etwas mehr Kraft auf als der Gegner und schwingt den Griff des Gegners langsam mit kurzer Bewegung seitwärts.

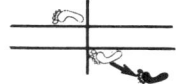

2. Der Angreifer drückt das gegnerische Shinai am Tsuba-Moto kurz und kräftig nach links, woraufhin der Gegner pariert, indem er seinen Griff reflexartig nach rechts drückt. Daraufhin weicht der Angreifer mit dem linken Fuß beginnend schräg nach links zurück und holt kurz aus.

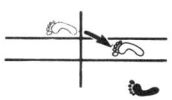

3. Man zieht den rechten Fuß schnell zurück und geht zum rechten Kote-Schlag über.

Hier ist eine schnelle Ausführung notwendig.

Um mit den Handgelenken einen starken Schlag ausführen zu können, wird das Shinai im Zurückweichen gesenkt.

4. Man trifft jetzt auf das rechte Kote auf. Hierbei darf das Shinai nicht nach der Seite gedreht werden, sondern muß parallel zum gegnerischen Shinai gesenkt werden.

Dies ist eine schwierige Technik. Sie kann jedoch wirkungsvoll bei Gegnern angewendet werden, deren Kamae zu hoch liegt; dadurch können diese allerdings leichter auf unser Men schlagen, weshalb man mit erhöhter Vorsicht angreifen muß.

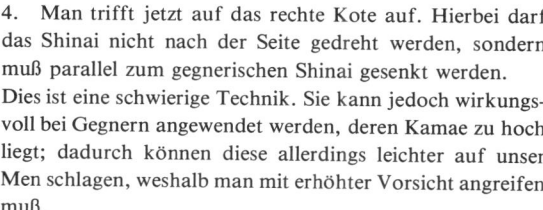

Hiki-Do

Diese Technik kann wirksam bei einem Gegner angewendet werden, dessen Kamae zu hoch liegt, so daß man seinen Griff entweder weiter nach oben drückt oder durch das Niederdrücken seines Kamae, die dadurch hervorgerufene Reflexhandlung ausnutzt und in dem Moment auf das Do schlägt, in dem sich seine Hände heben.

1

1. Beim Tsuba-zeriai wird eine Gelegenheit abgewartet. Langsam schwenkt man das Shinai in der Tsuba-zeriai-Position auf und ab, greift geistig Men an und wartet einen geeigneten Angriffsmoment ab.

2. In dem Moment, in dem der Gegner im Begriff ist, seinen Griff zu heben, stößt man dessen Tsuba-Moto kurz aber kräftig hoch.
Die Stoßbewegung geht unmittelbar in die Ausholbewegung über; gleichzeitig weicht der Angreifer mit dem linken Fuß zurück.
Da die Angriffsbewegung schnell ausgeführt werden muß, wird das gegnerische Shinai kräftig aber schnell hochgestoßen; durch dieses Hochstoßen wird das gegnerische Do freigelegt.

2

3

3. Das Gleichgewicht auf den linken Fuß verlagernd, geht man zurückweichend zum Do-Schlag über. Man übe die Bewegungen vom Ausholen bis zum Schlagen in einem Zuge ohne Unterbrechung aus.

4. Den rechten Fuß an den linken heranziehend wird gleichzeitig auf den rechten Teil des Do geschlagen.
Den anderen Hiki-Techniken entsprechend muß auch diese Technik schnell und leicht ausgeführt werden.
Unter Benutzung der Handgelenke schlage man korrekt und kraftvoll. Die linke Hand hält das Shinai auf der Mittel-achse; beim Schlagen werden beide Hände nach innen ge-dreht, so daß das Shinai auf den jeweiligen Treffstellen kor-rekt aufkommt.

4

Katate-Waza (Einhand-Techniken)

Katate-Migi-Men
(rechter Men-Schlag mit einer Hand)

Der Einhand-Men-Schlag kann sowohl mit der rechten als auch mit der linken Hand ausgeführt werden. Schlaggelegenheiten für diese Technik ergeben sich beispielsweise wenn

- der Gegner sein Kensen senkt und zurückweicht
- sich das gegnerische Kamae durch Wegfegen des Shinai reflexartig öffnet
- man den gegnerischen Kote-Schlag nicht auftreffen läßt.

Mit Ausnahme der zuerst erwähnten Technik handelt es sich hier um Harai-Waza und Nuki-Waza (Schlagtechniken, die ausgeführt werden, während man dem gegnerischen Angriff ausweicht). Hier wird nur der typische Katate-Migi-Men-Schlag (rechter Einhand-Men-Schlag) gezeigt.

1. Man senkt die Shinai-Spitze in der Chudan-Position und greift den Gegner „innerlich" an. In dem Moment, in dem der Gegner ebenfalls mit gesenkter Shinai-Spitze entgegentritt, holt man aus und läßt die rechte Hand los.

2. Während man jetzt mit dem linken Fuß vortritt, bereitet man die linke Hand zum rechten Einhand-Men-Schlag vor.
Das Shinai muß in der linken Hand festgehalten werden. Bei der Schlagbewegung achte man darauf, daß sich das Shinai nicht weiter als 45 Grad nach links senkt.

3. Die rechte Hand wird an die Hüfte gelegt. Die Hüfte wird angespannt und die linke Körperhälfte vorgestreckt. Aus einem seitlichen Winkel von 45 Grad wird das Shinai gesenkt.

4

4. Hat die linke Hand die Schulterhöhe erreicht, schlägt man auf die rechte Men-Seite.
Das Kensen darf sich nicht beim Schlag senken. Man schlage nicht von der Seite in einer drehenden Bewegung. Diese Technik wende man erst dann richtig an, wenn man sie schon mit einem Uchikomi-Brett eingeübt hat und die Handgelenke zur Ausübung des Tenouchi genügend gefestigt sind. Um Unfälle zu verhüten, achte man darauf, nicht aufs Ohr zu schlagen.

OJI-WAZA (KONTERTECHNIKEN)

Während man bei den Shikake-Techniken dem Gegner zuvorkommt und als erster schlägt, wird bei den Oji-Techniken erst auf den Angriff des Gegners reagiert. Man wartet jedoch nicht etwa den Angriff des Gegners ab, sondern bedrängt seinerseits den Gegner so lange, bis dieser mit einer unzweckmäßigen Technik beginnt, der man dann mit einer Kontertechnik entgegenwirken kann. Wie schon bei den Shikake-Techniken erwähnt, ist es auch hier notwendig, die Bewegungen des Gegners mit ,,METSUKE'' (siehe S. 53) gut zu beobachten. Erst hierdurch wird eine Konter-Technik ermöglicht. Die Konter-Bewegung muß unmittelbar in die Schlagbewegung übergehen; es dürfen nicht zwei getrennte Bewegungsabläufe entstehen. Da stets die Konterbewegung von einem Stellungswechsel des Körpers begleitet wird, ist eine wendige Fußarbeit erforderlich. Im Moment der Fortbewegung muß die Oji-Bewegung blitzschnell erfolgen, um dadurch einen korrekten Schlag zu ermöglichen.

Blicken wir auf die vorangegangenen Shikake-Techniken zurück, so fällt uns auf, daß das korrekte Erfassen von Abstand und Gelegenheit und ein darauf erfolgender blitzschneller Angriff wichtige Voraussetzungen für das Gelingen einer solchen Technik sind.
Bei den Oji-Techniken erfolgt der eigene Schlag jedoch erst als Antwort auf den Angriff des Gegners. Für das Gelingen einer Oji-Technik ist folgendes notwendig:

— das sofortige Wahrnehmen der gegnerischen Angriffsziele
— die spontane Entscheidung in welcher Richtung und Entfernung man dem gegnerischen Angriff ausweichen soll
— das Einnehmen eines korrekten Schlagabstandes

Da außerdem die verschiedenen Techniken unterschiedliche Schwierigkeitsgrade aufweisen, sollten sie gemäß der in der Tabelle festgelegten Reihenfolge trainiert werden. Es ist davon abzuraten, einseitig im Anfängerstadium die Oji-Techniken zu üben, da sonst ein tatkräftiges „Von-Selbst-Angreifen'' verhindert wird; dies führt zu einer abwartenden Trainingshaltung, wodurch Fortschritte verhindert werden. Man erlerne daher erst die Shikake-Techniken und gehe dann zu den Oji-Techniken über.

In der folgenden Tabelle werden die Hauptarten der Oji-Waza aufgezählt:

Oji-Waza	Nuki-Waza	Men-nuki-Do, Men-nuki-Men, Men-nuki-Kote, Kote-nuki-Men, Kote-nuki-Kote.
	Kaeshi-Waza	Men-kaeshi-Do, Men-kaeshi-Men, Men-kaeshi-Kote, Kote-kaeshi-Men, Kote-kaeshi-Kote, Kote-kaeshi-Do, Do-kaeshi-Men, Do-kaeshi-Kote, Tsuki-kaeshi-Do.
	Suriage-Waza	Men-suriage-Men, Men-suriage-Do, Men-suriage-Kote, Kote-suriage-Men, Kote-suriage-Kote, Tsuki-suriage-Men, Tsuki-suriage-Do.
	Uchiotoshi-Waza	Men-uchiotoshi-Men, Men-uchiotoshi-Kote, Kote-uchiotoshi-Men, Kote-uchiotoshi-Kote, Do-uchiotoshi-Do, Do-uchiotoshi-Kote.

Schautafel der Kombinationsmöglichkeiten der Oji-Techniken

dem gegnerischen Angriff entgegenwirken, und selbst die gegnerischen Treffstellen angreifen

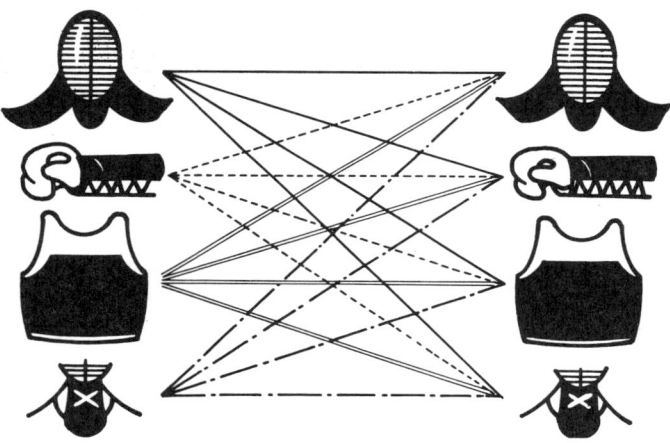

Übt der Gegner auf die eigenen Treffstellen (linke Seite) einen Angriff aus, so kann man dem entgegenwirken, indem man seinerseits den Gegner an seinen jeweiligen Treffstellen (rechte Seite) angreift.

Nuki-Waza
(,,Ausweich-" Techniken)

Bei den Nuki-Waza richtet man sich nach der Schlagbewegung des Gegners. Durch rechtzeitiges Ausweichen läßt man den Gegner ins Leere schlagen und macht auf diese Weise seinen Angriff wirkungslos. Man erfaßt den Moment, in dem sich die gegnerische Bewegung erschöpft und schlägt dann selbst zu. Es gibt verschiedene Möglichkeiten zur Ausübung der Nuki-Techniken:

— seitlich ausweichen und schlagen
— so weit zurückweichen, so daß das gegnerische Shinai nicht mehr treffen kann und dann schlagen.

Es ist wichtig, im richtigen Moment auszuweichen, nämlich dann, wenn der Gegner bei seiner Angriffsbewegung den rechten Ellenbogen streckt. Denn mit angewinkelten Ellenbogen könnte der Gegner leichter zur nächsten Technik überleiten. Setzt man die Technik zu früh an, wird sie vom Gegner erkannt; ein Gelingen ist dann fast ausgeschlossen. Man muß daher den Gegner an sich heranlocken und unmittelbar, ehe er seinen Schlag anbringen will, ausweichen. Greift man selbst an, wenn der Gegner im Begriff ist zu schlagen, handelt es sich nicht um eine Nuki-Technik, sondern um eine Okori-Technik (siehe S. 105).

Men-nuki-Do (mit rechtem Ausfallschritt)

Macht man einen rechten Ausfallschritt, so schlägt man auf die rechte Do-Seite, weicht man links aus, so schlägt man auf die linke Do-Seite. Hier wird nur die Technik mit rechtem Ausfallschritt erklärt.

I

1. In der Chudan-Position sieht der Gegner eine Schlaggelegenheit und ist im Begriff, auf das Men zu schlagen. Man läßt ihn genügend an sich herankommen und geht zur Nuki-Technik über.

2

2. Zum Nuki- bzw. Do-Schlag geht man über, indem man mit der Ausholbewegung gleichzeitig den rechten Fuß schräg nach rechts vorn setzt.
Man wende ,,Metsuke'' (siehe S. 53) korrekt an, ohne dabei fortwährend auf das gegnerische Do zu schauen.
Ferner wahre man eine korrekte Körperhaltung und krümme nicht etwa den Rücken.

141

3. Man verlagere jetzt das Gleichgewicht auf den rechten Fuß, drehe die rechte Hand genügend nach links, richte sie auf die gegnerische rechte Do-Seite und schlage zu.

Die Schlagkraft des gegnerischen Angriffs und die eigene Schlagkraft — die durch das Angreifen beim Ausweichen entsteht — werden gleichzeitig frei. Um einen horizontalen Do-Schlag zu vermeiden, ist es wichtig, die rechte Hand genügend zu drehen.

Die linke Hand bleibt angespannt, da sich bei einer Entspannung die Shinai-Spitze senkt.

4. Durch das Nachsetzen des rechten Fußes ist man nun ganz nach rechts ausgewichen; das Shinai trifft auf der rechten Do-Seite auf. Nach Beendigung des Schlages nehme man wieder das richtige Maai ein und stelle sich dem Gegner korrekt gegenüber.

In welche Richtung man den rechten Fuß setzt, hängt vom Abstand zum Gegner ab. Deswegen sollte diese Technik anfangs langsam trainiert werden, um dadurch das Erfassen des korrekten Abstandes zu ermöglichen.

Men-nuki-Men (mit rechtem Ausfallschritt. Treffstellen: Shomen oder Hidari-Men)

Bei Men-nuki-Men kann der Ausfallschritt sowohl nach rechts als auch nach links erfolgen.

1. Aus der Chudan-Position holt der Gegner zum Men-Schlag aus.

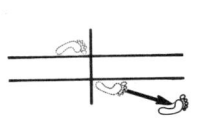

2. In dem Moment, in dem der Gegner zur Ausführung des Schlages sein Shinai senkt, geht man selbst zum Men-Schlag über; der rechte Fuß wird nach rechts vorn gesetzt und man holt gleichzeitig aus.

3. Das Gleichgewicht auf den rechten Fuß verlagerd, schlägt man in Richtung auf das gegnerische Men.
Unmittelbar, ehe der Gegner schlägt, weicht man mit dem Körper flink nach rechts aus.

3

4. Der linke Fuß wird nachgesetzt, der Körper weicht nach rechts aus, und das Shinai trifft auf das Shomen. Der Körper muß genügend zur Seite ausweichen, damit man den Schlag in korrekter Stellung zum Gegner anbringen kann. Man beachte besonders den Abstand, um korrekt mit dem Mono-Uchi treffen zu können.
Auch vermeide man eine nach hinten kippende Körperhaltung und schlage mit dem Gefühl, als wolle man das eigene Shinai waagerecht auf das gegnerische Men legen.

4

Men-nuki-Men (mit linkem Ausfallschritt; Treffstellen: Shomen oder Migi-Men)

I

1. In der Chudan-Position sieht der Gegner eine Gelegenheit und hebt im geeigneten Moment sein Shinai zum Schlag an.

2

2. In dem Moment, in dem der Gegner zuschlagen möchte, geht man selbst zum Schlag über; der linke Fuß wird schräg nach vorn links gesetzt, und man holt gleichzeitig dabei aus.

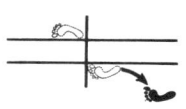

143

3. Das Gleichgewicht auf den rechten Fuß verlagernd, und gleichzeitig, mit dem Nachsetzen des rechten Fußes, schlägt man in Richtung Shomen oder Migi-Men.

4. Hat man den rechten Fuß nachgesetzt, dann ist man jetzt ganz zur linken Seite ausgewichen; das Shinai trifft auf das Shomen oder Migi-Men.
Da die rechte Hand des Gegners hoch liegt, läßt sich diese Nuki-Technik, mit linkem Ausfallschritt, schwieriger ausführen, als mit rechtem Ausfallschritt.
Man vollziehe den Schlag stets in korrekter Gegenüberstellung zum Gegner.

Men-nuki-Kote (mit linkem Ausfallschritt)

1. Man wartet die Gelegenheit ab, in der der Gegner zum Men-Schlag ansetzt und geht seinerseits mit linkem Ausfallschritt sofort zur Nuki-Technik über.

2. Gleichzeitig, mit der Verlagerung des Gleichgewichts auf den linken Fuß, holt man aus und weicht somit dem gegnerischen Men-Schlag aus.
Da man in dem kurzen Moment, in dem der Gegner sein Shinai senkt, ausweichen und den Kote-Schlag anbringen muß, ist ein blitzschneller Bewegungsablauf notwendig.

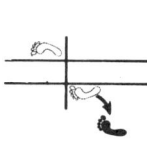

3

3. Der rechte Fuß wird vor den linken gesetzt; man weicht nach links aus und schlägt zu. Durch das Ausweichen wird das Schlagen des rechten Kote in dem Moment ermöglicht, in dem der Gegner den rechten Ellenbogen streckt.

4

4. Schnell und mit lockerer Bewegung trifft man auf dem Kote auf.

Man achte darauf, daß die Ausweichbewegung rechtzeitig erfolgt; mit „Metsuke" (Siehe S. 53) beobachte man genau, wann der Gegner zum Schlag ansetzt. Schlägt man mit angewinkeltem rechten Ellenbogen, trifft man nur auf das gegnerische Tsuba; aus diesem Grunde strecke man stets den rechten Arm.

Kote-nuki-Men (mit dem Shinai nach oben ausweichen)

I

Bei dieser Technik gibt es sowohl die Möglichkeit nach oben, als auch nach unten auszuweichen.

1. In der Chudan-Position suchen beide Partner nach einer Schlaggelegenheit.

2

2. Der Gegner sieht eine Gelegenheit und setzt zum rechten Kote-Angriff an. Da diese Nuki-Technik bei einem durch das Zuschlagen des Gegners kleiner werdenden Abstand besonders wirksam ist, muß man den Gegner genügend an sich heranlassen.

145

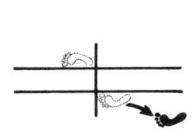

3. Ist der Gegner nahe genug, setzt man den linken Fuß schräg nach links hinten und geht, die Hände zurückziehend, zur Ausholbewegung über.

4. Den rechten Fuß nachziehend und gleichzeitig ausholend, weicht man dem gegnerischen Schlag aus. Durch das Zurückziehen der Hände muß die Ausweichbewegung hundertprozentig gesichert sein.

5. Nach gelungener Ausweichbewegung geht man unverzüglich zum Shomen-Schlag über.
Die Ausweichbewegung ist dann beendet, wenn man zuschlagen kann. Aus diesem Grund müssen beide Bewegungsabläufe ohne Unterbrechung in einem Zug erfolgen.

6. Den rechten Fuß vorsetzend schlägt man jetzt zu.
Da der Gegner sofort zum Gegenangriff überleiten wird, muß die Schlagbewegung schnell erfolgen.

7

7. Das Shinai wird zum Schlag gesenkt. Da sich der Abstand zueinander verkleinert, darf kein zu großer Fumikomi-Schritt gemacht werden.

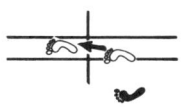

8

8. Mit dem rechten Fuß beginnend springt man vor und trifft auf das Men. Es wäre ein Fehler, das Ausweichen zu sichern, indem man mit gehobenem Griff wartet. Man muß seinerseits den Gegner durch den eigenen Angriff zur Ausübung eines unnützen Schlages verleiten.

Kaeshi-Waza (Schlagtechniken, die ausgeführt werden, nachdem man den gegnerischen Schlag abgewehrt hat)

Man reagiert auf den gegnerischen Angriff, indem man den Schlag mit einer der beiden Shinai-Seiten abwehrt und auf die gegenüberliegende Körperseite schlägt. Bei der Abwehrbewegung muß unbedingt mit dem Körper ausgewichen werden. Da die Ausweichrichtung vom Vordringen des Gegners abhängig ist und davon auch der Konterabstand betroffen ist, müssen diese Techniken auch im Hinblick auf ein korrektes Ermessen des Abstandes eingeübt werden. Folglich trainiere man anfangs langsam, wiederhole diese Techniken aber oft.

Man sorge ferner für geschmeidige Handgelenke. Der gegnerische Schlag wird mit dem eigenen Shinai aufgegangen, die Schlagkraft des Gegners wird genutzt, indem die Handgelenke gedreht werden und auf die gegenüberliegenden Treffstellen geschlagen wird.

Men-kaeshi-Migi-Do

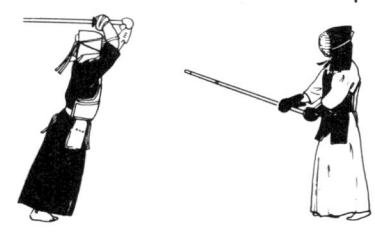

1. Aus der Chudan-Position schlägt der Gegner bei einer sich ihm bietenden Gelegenheit zum Men.

2. Darauf geht man selbst zur Konterbewegung über. Das Kensen wird aus der Chudan-Position bei gleichzeitigem Anheben der Hände nach rechts oben bewegt.
Hat sich das Maai durch den großen Fumikomi-Sprung des Gegners verkleinert, sollte man erst mit dem linken Fuß einen Schritt zurückweichen und das gegnerische Shinai abfangen. Dies erleichtert den anschließenden Do-Schlag.

3. Wenn der Gegner jetzt seinen rechten Arm zum Schlag streckt, wird — mit dem Vorsetzen des eigenen rechten Fußes nach rechts vorn — sein Shinai unmittelbar über dem eigenen Kopf, etwa in Höhe des eigenen Tsuba-Moto, aufgefangen. Man erlerne Abstand und Gelegenheit genau einzuschätzen. Mit zunehmender Geschicklichkeit kann man das gegnerische Shinai in der Nähe des eigenen Tsuba-Moto abfangen, wodurch eine schnelle Konterbewegung ermöglicht wird.

4. Die Hände zurückziehend wird das gegnerische Shinai abgefangen. Das Kensen wird von rechts über den Kopf gedreht.
Die Handgelenke müssen geschmeidig sein und zur gegnerischen Do-Seite zeigen.

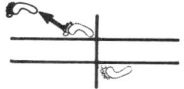

5. Man bereitet sich jetzt mit dem Körper auf den rechten Do-Schlag vor.

Wenn man mit den Hüften zurückweicht, oder wenn die Richtung, in die der rechte Fuß ausweicht, unrichtig ist, verkleinert sich der Abstand so weit, daß man keinen korrekten Schlag ausführen kann.

6. Man schlägt zum rechten Do.

Die linke Hand hält das Shinai korrekt fest und wird zur Mittelachse gesenkt. Wenn man mit den Hüften zurückweicht, entsteht ein sogenannter „Hiki-Uchi" (Schlag im Zurückweichen). In diesem Fall trifft man nicht mit dem richtigen Schlagteil des Shinai auf. Aus diesem Grunde schlage man stets mit dem Gefühl, als wolle man die Hüften nach vorn schieben.

7. Den linken Fuß nachziehend weicht man mit dem Körper nach rechts aus und trifft gleichzeitig auf die rechte Do-Seite. Mit der Okuri-Fußarbeit geht man anschließend 5 — 6 Schritte nach vorn, stellt sich unmittelbar darauf dem Gegner korrekt gegenüber und nimmt die Chudan-Position ein. Da sich der Abstand voneinander verkleinert, muß nach Abfangen des gegnerischen Shinai, schnell zur Schlagbewegung übergegangen werden.

Men-kaeshi-Migi-Men

Bei der Men-kaeshi-Men-Technik gibt es die Möglichkeiten sowohl auf die linke als auch auf die rechte Men-Seite zu schlagen.

Hier allerdings wird nur die Basistechnik mit rechtem Men-Schlag gezeigt.

1

1. In der Chudan-Position sucht man eine Schlaggelegen-heit.

2

2. Der Gegner sieht eine Gelegenheit und schlägt in Rich-tung Shomen.

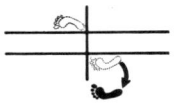

3

3. Man läßt den Gegner genügend an sich herankommen, hebt die Shinai-Spitze nach rechts oben an und bereitet so-mit die Kontertechnik vor.

4

4. Im dem Moment, in dem der Gegner den rechten Arm streckt und sich das Shinai dem Kopf nähert, weicht man mit dem linken Fuß seitwärts aus. Gleichzeitig wird das geg-nerische Shinai — als wolle man zum Schlag ausholen — mit dem Tsuba-Moto abgefangen.

5

5. Während man das Körpergewicht auf den linken Fuß verlagert, dreht man die Shinai-Spitze über den Kopf.

6

6. Hat man das Körpergewicht auf den linken Fuß verlagert, setzt man dazu an, den rechten Fuß vor den linken zu stellen.
Lockert sich der Griff der linken Hand, so weicht sie von der Mittelachse ab. Da sich dann die Shinai-Spitze senkt, achte man darauf, festzuhalten.

7

7. Der rechte Fuß wird ganz herangezogen; gleichzeitig konzentriert man sich auf die eigenen Hüften und dreht die rechte Hand entsprechend auf die rechte gegnerische Men-Seite.

8

8. Man trifft auf die rechte Men-Seite in einem Winkel von 45 Grad.
Wegen der Haltung des gegnerischen rechten Armes und aufgrund der schnellen Bewegung nach vorn, verkleinert sich der Abstand so stark, daß das Schlagen erschwert wird. Der Schlag gelingt nur bei korrektem Ausfallschritt und schnellem Bewegungsablauf.

Kote-kaeshi-Men

Bei dieser Technik ist es notwendig, in richtiger Höhe bei korrekter Haltung des Shinai mit geschmeidigen Handgelenken zu kontern.

Man erlerne, korrekt nach links auszuweichen und den richtigen Abstand einzunehmen. Ferner ist es wichtig, den Gegner innerlich genügend zu bedrängen.

Hat man den Men-Schlag gut geübt, so erforsche man als nächstes den Abstand und die Ausweichbewegung, um zum Kote-Schlag übergehen zu können.

1

1. In der Chudan-Position sucht man nach einer Gelegenheit.
Besonders bei dieser Kaeshi-Technik darf nicht auf eine Gelegenheit gewartet werden. Man muß von sich aus direkt angreifen und den Gegner zu einem unmöglichen Schlagangriff herausfordern.

2

2. Der Gegner sieht eine Gelegenheit und will zum rechten Kote schlagen. Auf der rechten Abbildung wurde zur Verdeutlichung des Bewegungslaufes eine große Technik gezeigt.

3

3. Mit dem linken Fuß macht man einen Ausfallschritt nach links, senkt von der Chudan-Position her die Shinai-Spitze nach rechts und fängt das gegnerische Shinai-Ende möglichst nahe dem eigenen Tsuba-Moto auf. Beim Abwehren selbst wendet man keine Kraft auf, sondern nutzt die gegnerische Schlagkraft, indem man den Schlag geschmeidig abgleiten läßt.

4

4. Das Gleichgewicht auf den linken Fuß verlagernd, beginnt man, die Shinai-Spitze zurückzunehmen; dies geschieht, indem man sie mit lockeren Handgelenken von unten zur eigenen rechten Do-Seite dreht.

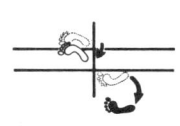

5. Die soeben ausgeführte Bewegung mündet in die Ausholbewegung und den Men-Schlag.

6. Nach dem Ausholen setzt man den rechten Fuß wieder nach vorn und schlägt gleichzeitig Shomen.

7. Das Shinai wird zum Shomen bewegt.
Da sich der Gegner nach vorn bewegt und der Abstand dadurch kleiner wird, kann man nicht mit großem Fumikomi-Schritt in das Maai hineinspringen. Man schlage daher kurz und kräftig.

8. Man trifft das Shomen. Da sich bei der Anwendung dieser Technik durch den von dem Gegner ausgeübten ersten Schlag der Abstand verkleinert, ist eine geschmeidige Handarbeit und eine starke, kräftige konternde Schlagbewegung erforderlich.
Die Tenouchi-Technik erscheint hier als eine Technik, die bei einem engen Maai sehr gut angewendet werden kann.

Do-kaeshi-Men

Die Anwendung dieser Technik ist schwierig, weil der Do-Angriff verhältnismäßig tief abgewehrt werden muß und die eigene Haltung folglich stark vom korrekten Kamae abweicht. Mit lockeren Handgelenken wird die Schlagkraft des Gegners genutzt und gekontert.
Man trainiere so, daß man je nach Abweichung der gegnerischen Körperhaltung vom korrekten Kamae, auch Kote schlagen kann.

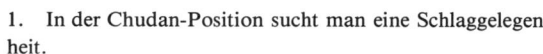

1. In der Chudan-Position sucht man eine Schlaggelegenheit.

2. Der Gegner sieht eine Gelegenheit und schlägt in Richtung Do.

3. Man leitet jetzt die Konterbewegung ein, indem man die Handgelenke besonders lockert, die Shinai-Spitze nach rechts unten neigt und mit dem linken Fuß schräg nach links hinten ausweicht.
Man achte darauf, daß die linke Hand auf der Mittelachse bleibt und drehe das rechte Handgelenk stark in Richtung des eigenen Do.

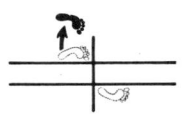

4. Mit nach schräg rechts unten gesenkter Shinai-Spitze wehre man in der Nähe des eigenen Tsuba das gegnerische Shinai — in Höhe der Shinai-Spitze — ab.

154

5. Während man die rechte Hand zu sich dreht, wehrt man den Schlag in Tsuba-Höhe ab, dreht die Shinai-Spitze nach hinten und geht damit zur Ausholbewegung über.

Wehrt man den gegnerischen Schlag mehr in Höhe der Shinai-Spitze ab, so kann man nicht viel Kraft anwenden, was das Kontern erschwert. Man wehrt ab, als wolle man das gegnerische Shinai zu sich ziehen und nutzt die hierbei freiwerdende Kraft zur Aufwärtsbewegung aus.

5

6

6. Man beginnt mit dem Shomen-Schlag, indem man mit dem rechten Fuß zum Fumikomi-Sprung und zur Ausholbewegung ansetzt.

Es ist hierbei wichtig, daß man dem Gegner korrekt gegenübersteht.

7

7. Es wird schnell in Richtung Shomen geschlagen. Auch hier verkleinert sich der Abstand durch das Vordringen des Gegners. Folglich kann man sich auch hier nicht mit großem Schritt vorwärtsbewegen.

8

8. Mit dem rechten Fuß beginnend, geht man unter Anwendung der Fumikomi-Fußarbeit vor und schlägt auf das Shomen. Hat der Gegner einen großen Fumikomi-Schritt gemacht, muß man im Zurückweichen zuschlagen.

Da bei dieser Technik die ausführende Bewegung groß ist, läßt sie sich gegenüber schnellen Gegnern schwer anwenden.

Kate-Migi-Men-kaeshi-Hidari-Do

1. In der Chudan-Position sucht man eine Schlaggelegenheit.

Der gegnerische Einhand-Schlag auf die rechte Men-Seite muß schnell wahrgenommen werden, um rechtzeitig zur Seite ausweichen zu können.

Mit geschmeidigen Handgelenken übe man die Bewegungen schnell aus.

2. Der Gegner sieht eine Gelegenheit und greift mit Hidari-Katate (linker Einhandschlag) die rechte Men-Seite an.

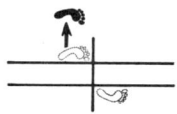

3. Mit dem linken Fuß weicht man daraufhin nach links aus, dreht die rechte Hand in Schulterhöhe nach links und richtet dabei das Shinai auf.

4. Den gegnerischen Shinai-Schlag auffangend führt man das eigene Shinai über die Schulter.

Die Auffangbewegung und die darauf folgende Schlagbewegung müssen in einem Zuge durchgeführt werden. Dies erreicht man, indem man den gegnerischen Schlag durch das Heranführen des eigenen Shinai zur Schulter auffängt.

5

5.   Indem man das Kensen nach rechts hinten dreht, führt man das Shinai unter dem des Gegners zurück und geht zum Do-Schlag über.

6

6.   Jetzt beginnt man mit dem linken Do-Schlag.
Die linke Hand wird auf der Mittelachse fest nach innen gedreht. In einem 45 Grad Winkel wird das Shinai herabgeführt.

7

7.   Während man das Gleichgewicht auf den linken Fuß verlagert, setzt man den rechten Fuß vor den linken und schlägt zu.
Entspannt man während des Schlages die linke Hand, verfehlt das Shinai den Do-Panzer.

8

8.   Jetzt trifft man auf dem Do-Panzer auf. Nach dem Schlag geht man entweder sofort wieder zum Ausgangsabstand zurück oder verringert den Abstand und übt Zanshin aus.

Suriage-Techniken

Wehrt man bei den Kaeshi-Techniken auf der linken Seite des Gegners ab, so schlägt man auf eine Treffstelle der rechten Körperseite.

Demgegenüber schlägt man bei den Suriage-Techniken auf Schlagstellen, die auf der Seite des Shinai liegen, die man bei der Abwehrbewegung berührt.

Der gegnerische Schlagangriff wird während des eigenen Angriffs mit der rechten oder linken Shinai-Seite nach oben gedrückt. Auf diese Weise wird der gegnerische Schlag abgelenkt, und wirkungslos gemacht. Man kann dies ausnutzen und selbst angreifen.

Man achte darauf, daß die Suriage-Bewegung (Das ,,Nachoben-Schieben" des gegnerischen Shinai) nicht unabhängig, sondern in einem fließenden Bewegungsablauf mit der eigenen Ausholbewegung erfolgt. Die rechte Hand wird nur im Augenblick der Suriage-Technik angespannt; danach entspannt man sie sofort wieder. Durch das Drehen der Handgelenke nutzt man die gegnerische Kraft und schafft beim Gegner eine Blöße.

Men-Suriage-Men (mit rechtem Ausfallschritt)

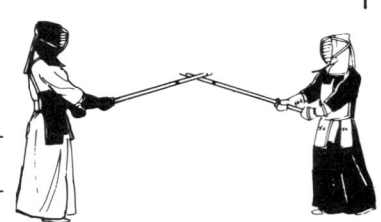

1. In der Chudan-Position sucht man eine Schlaggelegenheit.
Da man sowohl auf die rechte als auch auf die linke Men-Seite schlagen kann, trainiere man beide Seiten.

2. Der Gegner ergreift eine Gelegenheit und schlägt in Richtung Shomen.

3. Man nimmt jetzt die Suriage-Haltung ein, indem man sich bereithält, mit dem Mono-Uchi das gegnerische Shinai in Tsuba-Höhe nach oben zu drücken.
Man läßt hierbei den Gegner nahe genug an sich herantreten und bewegt die Shinai-Spitze ein wenig nach rechts.

4

4. Einen Halbkreis nach links beschreibend geht man zur Ausholbewegung über.

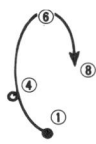

5

5. Während man das Shinai aufwärtsbewegt, dreht man die Handgelenke nach rechts und drückt mit dem Mono-Uchi das Shinai des Gegners nach oben. Dadurch verfehlt der Gegner sein Ziel und trifft ins Leere.

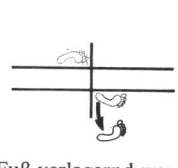

6

6. Das Gleichgewicht auf den rechten Fuß verlagernd werden die Handgelenke wieder in die ursprüngliche Lage zurückgebracht. Man leitet jetzt zur Schlagbewegung über.

7

7. Das Shinai wird in Richtung Shomen herabgeführt. Da sich der Gegner vorwärtsbewegt, kann sich der Abstand sehr leicht verkleinern. Blitzschnell, in korrekter Position zum Gegner senkt man das Shinai so, daß es mit dem Mono-Uchi auf seinem Ziel auftrifft.

8. Während des Nachsetzens des linken Fußes hinter den rechten trifft man das Shomen.

Da sich bei dieser Technik der Abstand verkleinert, führe man den Schlag blitzschnell aus. Der durch den rechten Schritt zustandekommende Ausfallwinkel muß gut erkannt und trainiert werden.

Men-suriage-Men (mit linkem Ausfallschritt)

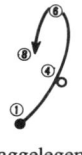

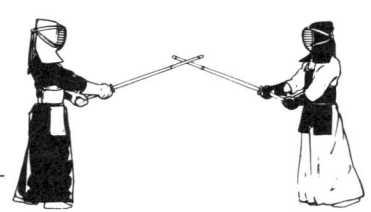

1. In der Chudan-Position sucht man eine Schlaggelegenheit.

2. Der Gegner erfaßt eine Gelegenheit und schlägt in Richtung des Shomen.

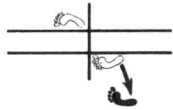

3. Mit dem linken Fuß nach links ausweichend läßt man den Gegner an sich heran und beginnt mit der Suriage-Bewegung.

Da sich bei dieser Bewegung der Abstand verkleinert, achte man besonders auf den Ausfallwinkel.

160

4

4. Das rechte Handgelenk nach links drehend drücke man — während der Aufwärtsbewegung — mit der rechten Shinai-Seite das gegnerische Shinai nach oben, so daß es auf diese Weise von seinem Zielobjekt abgelenkt wird.

5

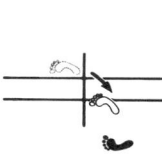

5. Während man diese Suriage-Bewegung ausführt, verlagere man das Körpergewicht auf den linken Fuß und hole gleichzeitig aus.

6

6. Nach Beendigung der Ausholbewegung wird der rechte Fuß vor den linken gesetzt. Man stellt sich dem Gegner korrekt gegenüber und beginne mit dem Men-Schlag.

7

7. Das Shinai wird zum Schlag herabgeführt.
Wie beim rechten Ausfallschritt verkleinert sich auch bei dieser Technik oft der Abstand. Man nutze daher die Kraft, die beim Vorsetzen des rechten Fußes frei wird und schiebe die Hüften kräftig vor.
Das Schlagen aus den Handgelenken muß gut geübt werden.

8. Man trifft das Shomen.

Da eine effektive Ausführung dieser Technik oft durch den „im Weg stehenden" rechten gegnerischen Ellenbogen verhindert wird, achte man sorgfältig sowohl auf die Ausübung der Hochdrück- und Ablenktechnik, als auch auf den Ausfallwinkel.

Men-suriage-Migi-Do

1. In der Chudan-Position sucht man eine Schlaggelegenheit.

2. Der Gegner erfaßt eine Gelegenheit und schlägt zum Shomen.
Dem Vordringen des Gegners entsprechend muß darauf geachtet werden, den korrekten Abstand möglichst einzuhalten.

3. Das Kensen ein wenig nach links „öffnend" beginnt man mit der Suriage-Bewegung. Man setzt jetzt dazu an, den rechten Fuß schräg nach rechts vorn zu setzen.

4. Die Handgelenke nach links drehend drückt man das gegnerische Shinai nach oben und lenkt es ab.

5. Es wird immer noch ausgeholt. Das Ausnutzen der Schlagkraft wird gelegentlich durch die Verringerung des Maai beeinträchtigt. Man achte daher besonders gut auf ein geeignetes Maai.

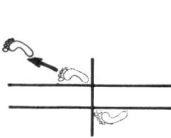

6. Mit Beendigung der Aufwärtsbewegung hat man den rechten Fuß vollständig nach schräg rechts vorn versetzt und beginnt jetzt mit dem Do-Schlag.

7. Man schlägt auf die rechte Do-Seite.
Wenn man dabei einen Ausfallschritt nach links macht, kann sich der Abstand derart verkleinern, daß man leicht auf den Rücken des Gegners trifft.

163

8. Mit dem Vorsetzen des Fußes nach schräg vorn wird das Do getroffen.

Da man aus der Suriage — bzw. Ausholbewegung — direkt auf den rechten Do-Panzer schlägt, müssen die Bewegungsabläufe schnell erfolgen. Dies wird erleichtert, indem man die Kraft, die durch das Vorsetzen des rechten Fußes frei wird, in Schlagkraft umsetzt.

Men-suriage-Kote 1

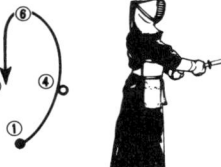

1. In der Chudan-Position sucht man eine Gelegenheit.

2. Der Gegner sieht eine Gelegenheit und schlägt in Richtung des Men.

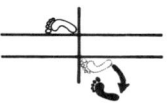

3. Man läßt den Gegner an sich herankommen, tritt mit dem linken Fuß nach links und bewegt auch das Kensen ein wenig zur linken Seite; hiermit kann die Aufwärtsbewegung eingeleitet werden.

Man achte gut auf den Ausfallswinkel nach links. Scheint der Abstand zu eng, weicht man ein wenig nach hinten aus.

4. Während der Aufwärtsbewegung wird das gegnerische Shinai nach oben gedrückt und abgelenkt.
Man drückt das gegnerische Shinai kräftig hoch, damit man in dem Moment, in dem sich die Ellenbogen des Gegners strecken, schlagen kann.

5. Mit Beendigung der Suriage-Bewegung ist auch die Ausholbewegung vollzogen; jetzt verlagert man das Gleichgewicht auf den linken Fuß.

6. Während man den rechten Fuß vor den linken setzt, stellt man sich korrekt dem Gegner gegenüber und leitet auf diese Weise die Schlagbewegung ein.

7. Man schlägt jetzt zum rechten Kote.
Man spanne die linke Hand kräftig an. Der Bewegungsablauf vom Suriage bis zur Schlagbewegung muß in einem Zuge, kurz aber kräftig erfolgen.

8. Jetzt trifft man das rechte Kote.
Beim Ausweichen nach links achte man wie bei den anderen
Techniken auf das Einnehmen des korrekten Ausfallswin-
kels und des Maai.

Kote-suriage-Men

Bei den Kote-Suriage-Techniken hat man sowohl die Möglichkeit mit Men als auch mit Kote zu
kontern. In beiden Fällen muß die Technik kurz und blitzschnell ausgeführt werden. Deshalb ist
es vorteilhafter, sich zunächst die Kontertechniken mit dem Men-Schlag anzueignen und erst
danach den Kote-Angriff zu erlernen. Auch der Kote-Gegenangriff wird in gleicher Reihenfolge
ausgeführt wie der Men-Gegenangriff, allerdings muß diese Technik mit noch größerer Schnelligkeit ausgeübt werden.

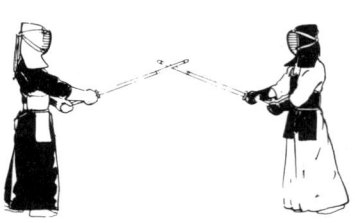

1. In der Chudan-Position sucht man eine Gelegenheit.
Man beobachte den Gegner gut und versuche den Moment
seines Angriffs zu erfassen.

2. Der Gegner erfaßt eine Gelegenheit und schlägt zum
rechten Kote.
Zur Verdeutlichung wird in der Abbildung eine große Bewegung gezeigt.

3. Die rechte Hand nach links drehend wird mit dem Mono-Uchi der rechten Shinai-Seite das gegnerische Shinai von der Tsuba-Gegend bis zur Mitte - während der Aufwärtsbewegung - hochgedrückt.

Bei diesem Vorgang darf die eigene Shinai-Spitze nicht gehoben werden; man übe die Suriage-Bewegung aus, indem man die rechte Hand, nach innen drehend, vorstößt.

4. Den linken Fuß nach links versetzend lenkt man das gegnerische Shinai ab und geht dabei gleichzeitig zur Ausholbewegung über. Man beachte den Ausfallswinkel und mache nur eine kleine Bewegung nach schräg links hinten.

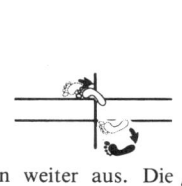

5. In unveränderter Haltung holt man weiter aus. Die Bewegung muß kurz und schnell erfolgen.

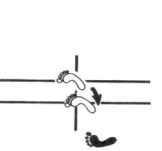

6. Nach Beendigung der Ausholbewegung beginnt man mit dem Men-Schlag und verlagert allmählich das Körpergewicht auf den rechten Fuß.

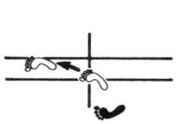

7

7. Mit dem rechten Fuß einen Fumikomi-Schritt beginnend schlägt man auf das Shomen. Sprung und Schlagbewegung müssen zusammenfallen.

8

8. Jetzt trifft man auf das Shomen.
Die linke Hand wird auf der Mittelachse aufwärtsbewegt. Gleich nach Beendigung der Suriage-Bewegung wird die rechte Hand entspannt. Ist die rechte Hand zu stark angespannt, wird der Bewegungsablauf unterbrochen und die Hand weicht von der Mittelachs ab.

I

Tsuki-suriage-Men (mit rechtem Ausfallschritt)

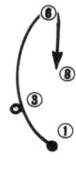

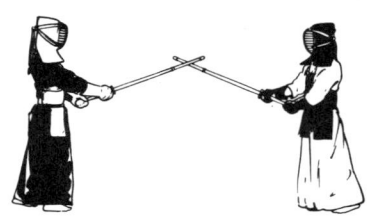

1. In der Chudan-Position sucht man eine Gelegenheit.

2

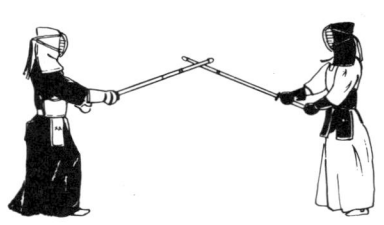

2. Der Gegner erfaßt eine Gelegenheit und stößt mit beiden Händen zum Tsuki.

168

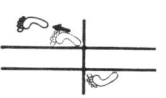

3. Man wartet den Moment, in dem der Gegner Kraft anwendet, ab, weicht mit dem rechten Fuß nach rechts aus und leitet damit die Suriage-Bewegung ein.

4. Die rechte Hand nach rechts drehend nutzt man die gegnerische Kraft aus und beginnt mit der Suriage-Bewegung. Man nutzt die Stoßkraft des Gegners aus und stößt sein Shinai vom Schlagziel ablenkend nach oben. Je größer der Kraftaufwand des Gegners, um so wirksamer die Technik.

5. Die Suriage-Bewegung ist beendet; ihre Weiterführung mündet in die Ausholbewegung.

6. Während man ausholt, wird das Körpergewicht auf den rechten Fuß verlagert.
Die Ausholbewegung und die Verlagerung des Körpergewichts müssen synchron und schnell durchgeführt werden.

7. Der linke Fuß wird nach hinten versetzt. Man stellt sich dem Gegner korrekt gegenüber und beginnt mit dem Shomen-Schlag.
Durch das Nachziehen des linken Fußes und gleichzeitiges Schlagen kann man die Hüften kräftig und schnell vordrükken und mit kraftvoller Bewegung zuschlagen.

8. Man trifft das Shomen. Um bei verkleinertem Maai nicht mit dem griffnahen Shinai-Teil aufzutreffen, müssen die Bewegungen blitzschnell ausgeführt und der Ausfallwinkel sorgfältig geprüft werden.
Durch das Training erlerne man einen geeigneten Abstand einzuschätzen.

Uchiotoshi-Techniken

(Angriffstechniken, nachdem das Shinai des Gegners zur Abwehr nach unten geschlagen wurde)

Bei dieser Technik wird das Shinai des Gegners zur Abwehr erst nach rechts oder links unten geschlagen; die dadurch entstandene Blöße beim Gegner gibt die Möglichkeit, selbst einen Schlag anzubringen. Diese Technik kann gegen Kote- oder Do-Angriffe, d. h. gegen Angriffe auf tiefliegende Treffstellen, wirksam angewendet werden. Es gibt daneben noch die Möglichkeit, diese Technik gegen Men-Angriffe anzuwenden, was dann Kiri-Otoshi (,,Herab-Schneiden'') genannt wird; an dieser Stelle soll jedoch nicht darauf eingegangen werden.

Kote-uchiotoshi-Men

Da diese Technik schnell und mit kurzer Bewegung ausgeübt werden muß, beobachte man den Gegner gut und versuche, den Moment seines Angriffs zu erkennen.
Zu Anfang teile man die Technik im verabredeten Training in einzelne Bewegungen auf und übe sie langsam. Man versuche sie dann allmählich schneller auszuführen und den korrekten Abstand einzunehmen.

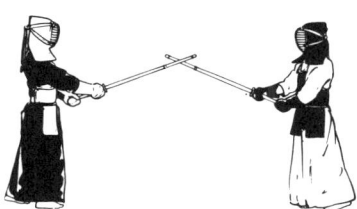

1. In der Chudan-Position sucht man eine Gelegenheit.

2. Der Gegner nimmt scheinbar eine Gelegenheit wahr und schlägt auf das rechte Kote. Der Kote-Schlag wird zwar mit kurzer Bewegung ausgeführt, zur Verdeutlichung des Bewegungsablaufes wird er hier jedoch in großer Bewegung gezeigt.

3. Mit dem linken Fuß nach links ausweichend läßt man das Shinai nach oben schnellen.

4. Man beginnt jetzt mit der Uchiotoshi-Bewegung. Zwischen Tsuba-Gegend und Shinai Mitte schlägt man das gegnerische Shinai schnell und mit kurzer Bewegung nach unten.

5. Der rechte Fuß wird nach vorn versetzt; gleichzeitig wird in Tsuba-Höhe das gegnerische Shinai hinuntergeschlagen.

Im Moment des Abwehrens spannt man die rechte Hand mit Tenouchi an; jedoch drückt man nach dem Abwehren keinesfalls das gegnerische Shinai mit Kraft hinunter.

6. In unveränderter Haltung leitet man jetzt die Ausholbewegung ein.

Ist das Maai zu klein, so ist man gezwungen, in der Ausholstellung zu schlagen, was einen erheblich daran hindert, Kraft anzuwenden.

Daher ist es notwendig, von Anfang an genügend Abstand einzunehmen, Kraft anzuwenden und blitzschnell zu schlagen.

7. In unveränderter Stellung holt man weiter aus. Je nachdem, wie man nach links ausweicht, kann sich der Abstand verkleinern, weswegen man gut auf Richtung und Winkel beim Vorstellen des rechten Fußes achte.

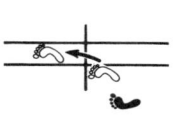

8. Jetzt trifft man das Shomen.
Auch hier muß die Bewegung kurz und schnell erfolgen.

Do-uchiotoshi-Men

Bei den Uchiotoshi-Techniken passiert es leicht, daß sich der Abstand verringert. Dadurch ist es schwierig, eine effektive Konterbewegung einzuleiten. Man achte deshalb gut auf den Ausfallschritt, den man beim Abwehren macht und erlerne zuerst, mit dem Men-Schlag zu kontern, bevor man auch zum Kote Gegenangriff übergeht, um dann, je nachdem wie sich das Kamae des Gegners nach dem Abwehren verändert, die eine oder andere Kontertechnik anzuwenden.

1

1. In der Chudan-Position sucht man eine Gelegenheit.

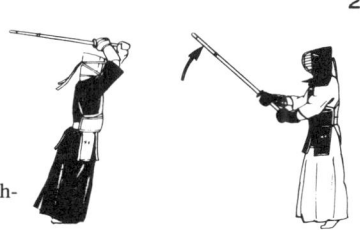

2

2. Der Gegner sieht eine Gelegenheit und schlägt in Richtung Do.

3

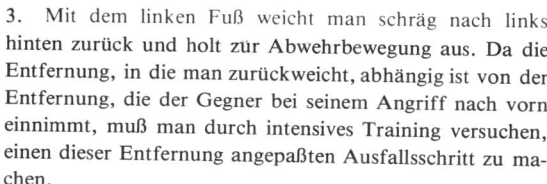

3. Mit dem linken Fuß weicht man schräg nach links hinten zurück und holt zur Abwehrbewegung aus. Da die Entfernung, in die man zurückweicht, abhängig ist von der Entfernung, die der Gegner bei seinem Angriff nach vorn einnimmt, muß man durch intensives Training versuchen, einen dieser Entfernung angepaßten Ausfallsschritt zu machen.

173

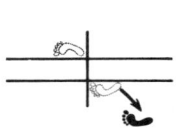

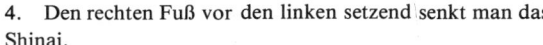

4. Den rechten Fuß vor den linken setzend senkt man das Shinai.

5. Jetzt wird das gegnerische Shinai in Tsuba-Höhe hinuntergeschlagen.
Man schlage mit Tenouchi und drücke keinesfalls verkrampft auf das Shinai.

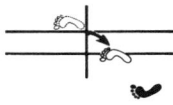

6. In unveränderter Haltung geht man jetzt zur Ausholbewegung über.

7. Man holt aus, bewegt sich mit dem rechten Fuß beginnend vorwärts und schlägt zum Shomen.
Da sich durch den linken Ausfallschritt der Abstand verkleinert, ist es notwendig, daß man den rechten Fuß im entsprechenden Verhältnis vorsetzt.

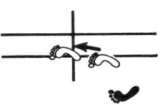

8. Jetzt trifft man das Shomen.
Man beobachte die Bewegung des gegnerischen Shinai während des Do-Schlags und übe immer wieder, den richtigen Zeitpunkt zu erkennen.

NIHON-KENDO-KATA

Die Entstehung der KATA-Formen

Trotz der vielen Veränderungen, die der Wandel der Zeit mit sich bringt, wird sich eines nie ändern, nämlich der Wunsch des Menschen, sein Leben so lange wie möglich zu erhalten. Früher, im Zeitalter der Kriege, wurden die Kämpfe, von denen der eine zurückkehrte, der andere nicht, mit Schwertern ausgetragen. Geht man also davon aus, daß die Menschen im Schwertkampf ihr Leben aufs Spiel gesetzt haben, so ist es nur verständlich, daß sie darum bemüht waren, ein Maximum an Geschicklichkeit in den Techniken zu erlangen.

Zwischen denjenigen, die die hochwertigen Techniken beherrschten und denjenigen, die sie zu erlernen wünschten, entwickelte sich auf ganz natürliche Weise eine Lehrer-Schüler-Beziehung.

Für die Lehrer entstand die Notwenigkeit, eine auf den eigenen Kampferfahrungen besierende Theorie und Sytematisierung der Techniken zu entwickeln. Dies ist der Ursprung der KATA-Formen, einer Lehrmethode, die später eine Vielzahl an Schulen hervorbringen sollte.

Die Geschichte der NIHON-KENDO-KATA

Im Jahre Meiji 28 (1895) wurde die ,,Dai-Nihon-Butokukai" (,,Großjapanische Gesellschaft der ritterlichen Tugenden") gegründet. 1899 folgte die Einrichtung ihrer zentralen Trainingshalle, genannt ,,Butoku-Den" (,,Halle der ritterlichen Tugenden"). Schließlich, im Jahre 1906, legte die Dai-Nihon-Botuku-Gesellschaft die ,,KENJITSU-KATA" (,,Formen der Fechtkunst"), bestehend aus drei KATA: Jodan, Chudan und Gedan, fest.

Am 31. 7. 1906 wurden die Ausführungsbestimmungen des Gesetzes zur Verbesserung des Unterrichts an Mittelschulen erlassen, was zur Folge hatte, daß Kendo nunmehr in den regulären Unterricht der oberen Mittelschulen aufgenommen wurde, und es entstand die Notwendigkeit, ungeachtet der vielen Kendo-Schulen, deren Lehrmethoden durch Überlieferung erhalten geblieben waren, eine Standardform zur Kendo-Unterweisung zu schaffen.

Daraufhin wurden 25 Kendo-Autoritäten mit der Gründung eines Ausschusses für die Kendo-Kata beauftragt. Die folgenden fünf Persönlichkeiten wurden zu Vorsitzenden gewählt: Negishi Shingoro, Tsuji Shinpei, Monna Tadashi, Naito Koji und Takano Sasaburo.

1925 wurden dann die hervorragendsten Techniken aller bekannten Schulen unter dem Sammelbegriff ,,Dai-Nihon-Teikoku-Kata" (,,Kendo-Kata des Großjapanischen Kaiserreiches") zusammengestellt und von der Dai-Nihon-Butoku-Gesellschaft veröffentlicht. Als Folge traten verschiedene Interpretationen auf, die Mängel der Vereinheitlichung deutlich machten, so daß erstmals 1917 eine Revision durchgeführt wurde, der dann anschließend 1919 eine bis in Details greifende Neufassung — im Zuge einer Vereinheitlichung — folgte.

Nach dem Zweiten Weltkrieg (Kendo wurde vorübergehend von der Besatzungsmacht verboten) wurde Kendo wieder eingeführt. Mit der Erschaffung des All-Japanischen Kendo-Verbandes (Zen-Nihon-Kendo-Renmei) fand eine Umbenennung der ,,Dai-Nihon-Kendo Kata'' in ,,NI-HON-KENDO-KATA'' (,,Japanische Kendo-Formen'') die auch heute noch üblich ist, statt.

Regeln, die beim Trainieren der NIHON-KENDO-KATA zu beachten sind

Mit den Nihon-Kendo-Kata wurde die theoretische Basis des Kendo konkret und systematisch aufgebaut. Folglich erlernt man durch das Training der Kata-Formen nicht allein die Etikette und die Handhabung des Schwertes, sondern gleichzeitig werden auch Kamae, Angriffsmethode, Maai, Atmung, Gelegenheit, Zanshin usw., alles also, was sich während eines Kampfes zwischen den Gegnern abspielt, verständlich gemacht.

Im folgenden werden die einzelnen Regeln, die während des Kata-Trainings zu befolgen sind, aufgeführt.

1. Bei formellen Anlässen wird ein Habiki-To (stumpfes Schwert) benutzt; sonst trainiert man mit einem Bokuto (Holzschwert). Die Gesamtlänge des O-Dachi (Langschwert) beträgt etwa 102 cm, davon nimmt der Griff ca. 24 cm ein. Ein Ko-Dachi (Kurzschwert) hat eine Gesamtlänge von etwa 55 cm; der Griff ist etwa 14 cm lang.

2. Alle Kata-Formen werden zu zweit ausgeführt. Der eine Partner übernimmt die Rolle des Uchidachi (Angreifer; Lehrer), der andere die des Shidachi (Verteidiger; Schüler).
Während die Uchidachi die Führung übernimmt, sind die Bewegungen des Shidachi als Erwiderung zu dessen Bewegungen aufzufassen. Der fortgeschrittene Partner ist meist Uchidachi. Wichtig ist, daß die Bewegungen beider Partner koordinieren und sie sich im selben Atemrythmus bewegen.

3. Bei der Ausübung der Kata-Formen gibt es zwei Rufe (Kake-Goe):
Der Uchidachi ruft beim Angriff ,,Yah!'', der Shiadachi in Erwiderung ,,Toh!''.

4. Die Kata werden nach bestimmten zeremoniellen Formen in festgelegter Reihenfolge ausgeführt. Auf einen Angriff des Uchidachi reagiert der Shidachi entweder mit ,,Sen-Sen-no-Sen'' oder ,,Go-no-Sen''. Das heißt, daß der Shidachi gewinnt, die Kata also auf dem Shidachi als Schlüsselfigur aufgebaut sind.

5. Die Kata bestehen aus 10 Übungen. Mit dem O-Dachi werden 7 Übungen ausgeführt, mit dem Ko-Dachi weitere 3.
Während die ersten 7 Übungen von beiden Partnern mit einem O-Dachi ausgeführt werden, benutzt der Shidachi bei den letzten 3 Übungen ein Ko-Dachi.

6. Man eigne sich eine korrekte Haltung an und trainiere mit genügend Kiai.

Vereinheitlichung der Ausdrücke

Die Erklärung der hier gezeigten Kata-Formen gründen auf denen der Nihon-Kendo-Kata. Der Anfänger kann jedoch auf erhebliche Verständnisschwierigkeiten stoßen, da die meisten Schulen an ihren eigenen Ausdrücken festhalten, und es daher an einer einheitlichen Terminologie mangelt.
Nach Absprache mit anderen wurde im Rahmen dieses Buches versucht, sich auf eine Ausdrucksweise zu einigen.
Und zwar:

In diesem Buch verwendete Ausdrücke	gebräuchliche Ausdrücke
Chudan (die übliche Grundposition)	Chudan, Seigan
Katana (Schwert)	Ken, Katana, Tachi
Utsu (schlagen)	Utsu, Kiru
Kensen (Schwertspitze)	Kensen, Kissaki
Shomen (Ehrenplatz)	Kamiza (Lehrersitz)
Ura-Shomen (die dem Ehrenplatz gegenüberliegende Seite)	Shimoza (Schülersitz)
Okuri-Ashi (Fußarbeit)	Tsugi-Ashi
Kamaeru, Furiageru (zum Schlag ausholen)	Kanmuru
Kamaeru (das Schwert in entsprechender Position halten)	Toru, Tsukeru
Ha-Bu (Klinge)	Ken-Ha
Seitai-Suru (sich gegenüber stehen)	Shomen-Suru
Hidari-Shinogi (linke Klingenseite)	Sashi-Omote
Migi-Shinogi	Sashi-Ura

Bezüglich der Fachausdrücke bei Jodan-Techniken sei insbesondere auf Seite 62 hingewiesen.

Benennungen der Einzelteile des Schwertes

Da eine genaue Kenntnis der Benennung der Einzelteile des Schwertes als Voraussetzung zur praktischen Übung der Kata nötig ist, sollen hier die einzelnen Teile an Hand einer Zeichnung vorgestellt werden.

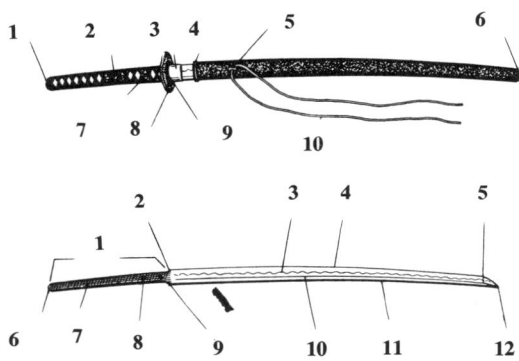

1. Tsuka-Gashira	1. Nakago
2. Menuki	2. Hamachi
3. Habaki	3. Hamon
4. Koiguchi	4. Ha
5. Kurigata	5. Yokote
6. Kojiri	6. Nakago-Jiri
7. Mekugi	7. Yasurime
8. Tsuba	8. Mekugi-Ana
9. Setsuba	9. Munemachi
10. Sageo	10. Shinogi
	11. Mune
	12. Kissaki

NIHON-KENDO-KATA

1. Gruß zu Beginn und Ende

Vor und nach den Übungen wird das Schwert (oder Bokuto) in der rechten Hand gehalten, so daß das Kensen nach unten zeigt.

In einem Abstand von ca. drei Schritten vom Partner entfernt wird — das Schwert in Ura-Shomen-Haltung — korrekt dem Partner gegenüberstehend in den Seiza-Sitz (Knie-Sitz) übergegangen.

2. Das Bokuto, zeigt mit der Schneideseite zu einem selbst und wird mit dem Tsuba in Kniehöhe auf die rechte Seite gelegt. Dann erfolgt die gegenseitige Begrüßung im Sitzen. Das Abgrüßen im Sitzen erfolgt entsprechend in umgekehrter Reihenfolge; auf eine nähere Erläuterung kann daher verzichtet werden.

3. Man erhebt sich nun, begibt sich in die Dojo-Mitte und verbeugt sich aus dem Stand in Richtung Shomen. Bei dieser Verbeugung achte man auf folgende Einzelheiten:
- die Schneideseite muß nach unten zeigen
- das Tsuka muß nach hinten gerichtet sein
- das Kensen muß sich nach vorn senken
- das Schwert wird unterhalb des Tsuba nach unten gehalten.

4. Nun begrüßen sich beide Partner aus einem gegenseitigen Abstand von ca. 9 Schritten aus dem Stand.

Mit gesenktem Kensen, das Tsuka nach vorn, die Schneideseite nach oben, wird das Schwert in der rechten Hand gehalten. Als nächstes wird das Schwert an der linken Hüftseite befestigt.

Die linke Hand wird unter das Tsuba geführt und der Daumen wird an den Tsuba-Rand gesetzt.

Übt man mit einem Bokuto, so wird mit dem Wechsel des Schwertes in die linke Hand der Daumen an das Tsuba gelegt und dann das Bokuto an die linke Hüfte geführt.

179

5. Mit dem rechten Fuß beginnend geht man abwechselnd mit drei großen Schritten aufeinander zu. Dabei wird das Schwert langsam, mittels des Daumens, aus der Scheide ,,gezogen''; die rechte Hand umfaßt das Tsuka, und man macht sich für die Nukito-Position (Position mit herausgezogenem Schwert) bereit.
Beim Herausdrücken des Schwertes drückt der linke Daumen leicht auf das Tsuba, damit verhindert wird, daß ein Gegner das Schwert herausziehen kann.

6. Während man das Schwert gleichmäßig herauszieht, geht man langsam in die Sonkyo-(Hock-)Position über.

7. Man erhebt sich jetzt; der Uchidachi setzt den rechten Fuß ein wenig vor, der Shidachi nimmt den linken Fuß etwas zurück und beide nehmen die Chudan-Position ein. Als nächstes wird die Schwertspitze schräg nach unten, etwas unterhalb des linken Knies des Gegners, gesenkt, so daß die Schneideseite schräg nach links unten zeigt. Auf diese Weise wird die Kamae-Haltung ,,aufgelöst''.
Mit dem linken Fuß beginnend, geht man unter Anwendung der Ayumi-Fußarbeit fünf kleine Schritte zurück.
Man nimmt dann wieder die Chudan-Position ein, um von da aus die den einzelnen Übungen entsprechende Kamae-Haltung einzunehmen.

O-Dachi (7 Übungen)
Ippon-me (erste Übung)

8. Der Uchidachi setzt den linken Fuß vor, der Shidachi den rechten, und beide nehmen die Hidari-Morote-Jodan-Position ein. Beide Partner gehen unter Anwendung der Ayumi-Fußarbeit aufeinander zu, bis sie den Issoku-Itto-no-Maai erreicht haben. Der Uchidachi beginnt mit dem linken Fuß, der Shidachi mit dem rechten.

9. Hat man den entsprechenden Abstand erreicht, tritt der Uchidachi, eine Gelegenheit sehend, mit dem rechten Fuß vor und schlägt dabei zum Shomen. Gleichzeitig weicht der Shidachi mit dem linken Fuß beginnend zurück; er bleibt dabei in der Morote-Position und läßt den Gegner auf diese Weise ins Leere treffen. Dann aber tritt er mit dem rechten Fuß kräftig vor und schlägt zum Shomen des Uchidachi.

10. Nach dem Schlag richtet der Shidachi „Ehrfurcht gebietend" sein Kensen auf die Mitte des Gesichtes des Gegners und setzt ihn damit unter Druck.

11. Mit dem linken Fuß vortretend geht der Shidachi in die Hidari-Morote-Jodan-Position über und übt damit Zanshin aus. Bei den Übungen 1 bis 7 ist die Ausführung des Zanshin von größerer Wichtigkeit als die Korrektheit der Kamae. Der Uchidachi geht mit gesenktem Kensen mit dem linken Fuß einen Okuri-Schritt beginnend zwei Schritte zurück. Die Größe der Schritte hängt vom Maai ab.

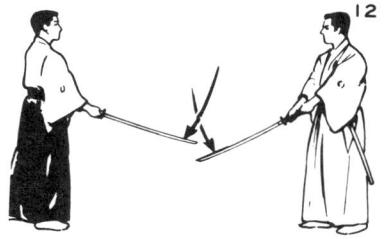

12. Der Uchidachi hebt das Kensen aus der Gedan-Position in die Chudan-Position. Gleichzeitig weicht der Shidachi, mit dem linken Fuß beginnend, zurück und senkt dabei seine Arme, bis auch er die Chudan-Position erreicht hat. Die Kensen werden beiderseitig gesenkt, das Kamae „aufgelöst", und man nimmt auf diese Weise die Ausgangshaltung ein. Die Auflösung des Kamae ist bis einschließlich der 7. Übung jeweils gleich.

181

13. Nihon-me (2. Übung)

Uchidachi sowie Shidachi gehen in der Chudan-Position mit dem rechten Fuß beginnend unter Anwendung der Ayumi-Fußarbeit aufeinander zu. Ist der entsprechende Abstand erreicht, sieht der Uchidachi eine Gelegenheit und macht mit dem rechten Fuß einen Ayumi-Schritt nach vorn; dabei schlägt er zum gegnerischen Kote. Der Shidachi weicht mit dem linken Fuß beginnend schräg nach links zurück; dabei entgeht er dem gegnerischen Kote-Angriff, indem er unter dem Schwert des Gegners hindurch einen Halbkreis beschreibend sein eigenes Schwert zurückzieht.

14. Jetzt macht der Shidachi mit dem rechten Fuß beginnend einen Okuri-Schritt nach vorn und schlägt dabei auf das Kote des Gegners. Danach gehen beide Partner, der Uchidachi mit dem linken Fuß beginnend, der Shidachi mit dem rechten Fuß beginnend in die Chudan-Position zurück. Der Uchidachi muß hierbei sein Schwert unter dem des Gegners zurückziehen. Danach werden die Kensen gesenkt, das Kamae „aufgelöst", und somit die Ausgangshaltung wieder eingenommen.

15. Sanbon-me (3. Übung)

Beide Partner nehmen die Gedan-Haltung ein und gehen mit Ayumi-Schritten, mit dem rechten Fuß beginnend, aufeinander zu.

16. Hat man den korrekten Abstand erreicht, so nehmen beide Partner durch den psychischen Kampf veranlaßt, allmählich die Chudan-Position ein. Der Uchidachi sieht eine Gelegenheit und stößt, die Schneideseite seines Schwertes auf die rechte Körperseite des Gegners gerichtet, zur Brust (Solar-Plexus) des Gegners. Dieser Stoß kann nur wirksam sein, wenn der Uchidachi mit dem rechten Fuß beginnend einen Schritt nach vorn macht und die linke Shinogi-Seite seines Schwertes „hineinreibend" zustößt.

17. Der Shidachi weicht mit dem linken Fuß beginnend einen Schritt zurück.

Indem er dabei das gegnerische Schwert mit der linken Shinogi-Seite seines Schwertes „lähmt'', entgeht er dem gegnerischen Stoßangriff. An dem gegnerischen Schwert haftend stößt er jetzt seinerseits, mit dem rechten Fuß einen Ayumi-Schritt machend, zu. Jetzt weicht der Uchidachi mit seinem rechten Fuß zurück. Er wendet sein eigenes Schwert von unten über das Schwert des Gegners, streckt die Arme ein wenig und drückt mit der rechten Shinogi-seite des Mono-Uchi-Teiles seines Schwertes — die Schwert-spitze auf die Kehle des Shidachi gerichtet — das Schwert des Gegners nach unten.

18. Den linken Fuß vorsetzend stößt der Shidachi noch einmal zu. Der Uchidachi weicht diesmal mit dem linken Fuß zurück. Gleichzeitig wendet er sein Schwert unter dem des Gegners von der linken Seite zur rechten; er richtet das Kensen auf die Kehle des Shidachi und drückt mit der linken Shinogi-Seite des Mono-Uchi das Schwert des Shidachi nach unten.

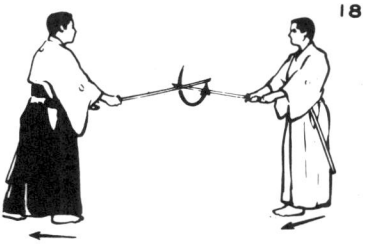

19. Sein erfolgreicher Stoßangriff versetzt den Shidachi in eine „gehobene'' Stimmung; er läßt den Gegner seine Überlegenheit fühlen, indem er (bzw. der Uchidachi) mit dem rechten Fuß beginnend unter Anwendung der Ayu-mi-Fußarbeit einige kleine Schritte nach vorn (bzw. zurück) macht. Sein Kensen steigt und zeigt jetzt zur Gesichtsmitte des Gegners. Danach nimmt der Shidachi (Uchidachi) mit dem linken (rechten) Fuß beginnend allmählich wieder die Chudan-Position ein, und beide Partner gehen gleichmäßig zur Dojo-Mitte zurück.

20. Yonhon-me (4. Übung)

Der Uchidachi nimmt die Hasso-Position ein, der Shidachi die Waki-Position. Beide gehen mit dem linken Fuß beginnend (Ayumi-Ashi) aufeinander zu, bis sie den Issoku-Ittono-Maai erreicht haben. Die 4. Übung muß der Abbildung entsprechend mit großen Bewegungen ausgeführt werden. Insbesondere ist auf das Einnehmen des korrekten Abstandes zu achten.
(Eine ausführlichere Beschreibung der Hasso- und Waki-Position findet man auf Seite 185).

21. Entschlossen heben jetzt beide Partner aus ihrer jeweiligen Kamae-Position die Schwerter aufwärts, bis sie sich gegenseitig zwischen ihren angewinkelten Armen erkennen können. Mit dem rechten Fuß vortretend werden die Schwerter gleichzeitig gekreuzt (d.h. beide schlagen im selben Moment zu). Die Kampfspannung und der beiderseitige Stoß sind jetzt so groß, daß die Schwerter sich gegenseitig an der linken (bzw. vorderen) Shinogi-Seite reibend wie von selbst bis zur Chudan-Position senken.

22. Der Uchidachi sieht eine Gelegenheit und stößt, mit seinem rechten Fuß einen Okuri-Schritt machend, mit seinem Schwert, dessen Schneideseite ein wenig zur rechten Körperseite des Gegners zeigt, beidhändig zur Brust (rechter Lungenflügel) des Shidachi.
Der Shidachi weicht in diesem Moment unter Anwendung der Hiraki-Fußarbeit mit dem Körper zu linken Seite aus und schlägt, mit seinem Schwert gleichzeitig kreisförmig ausholend, auf das Shomen des Uchidachi.

23. Der Shidachi weist jetzt mit dem Kensen auf die Gesichtsmitte des Gegners. Der Gegenschlag des Shidachi läßt den Uchidachi ein wenig mit dem Oberkörper zurückweichen. Seinen linken Fuß zurückziehend geht der Shidachi langsam wieder in die Chudan-Position zurück. Der Uchidachi paßt sich dem Bewegungsrythmus des Shidachi an, indem er sein Kensen anhebt, so daß beide Partner gemeinsam die Chudan-Position einnehmen können. Danach senken die Partner ihre Shinai-Spitzen und kehren in die Ausgangsstellung zurück.

Hasso-no-Kamae

Beschreibung neuer Kamae-Arten:

Den linken Fuß vorsetzend richtet man das Schwert aus der Chudan-Position langsam auf. Hierbei zeigt die Schneideseite mit ein wenig nach hinten geneigtem Kensen nach vorn; das Tsuka ist vorn. Das Schwert wird ferner vor der rechten Schulter gehalten, mit dem Tsuba in Mundhöhe (ca. eine Faustbreite vom Mund entfernt).

Waki-Gamae

Aus der Chudan-Position geht man langsam mit dem rechten Fuß einen Schritt zurück, so daß die linke Körperhälfte nach vorn zeigt. Das Schwert wird dabei in großem Bogen an die rechte Körperseite (Hüfthöhe) geführt. Die Schwertspitze wird nach hinten gesenkt, die Klinge zeigt schräg nach unten. Die Schwertspitze liegt hier etwas tiefer als in der Gedan-Position. Bei dieser Kamae-Haltung soll die Klinge vor dem Gegner versteckt gehalten werden (damit der Gegner die Länge des Schwertes nicht ermessen kann).

24

24. Gohon-me (5. Übung)

Mit dem linken Fuß vortretend nimmt der Uchidachi die Hidari-Morote-Jodan-Position ein. Der Shidachi dagegen richtet seine Schwertspitze auf die linke Faust des Uchidachi und nimmt die Chudan-Position ein. Beide gehen bis zum entsprechenden Maai aufeinander zu, der Uchidachi mit dem linken Fuß beginnend, der Shidachi mit dem rechten.

25

25. Der Uchidachi tritt bei geeigneter Gelegenheit mit dem rechten Fuß vor und schlägt aus der Jodan-Position auf das Men des Shidachi zu. Der Shidachi weicht in diesem Moment mit dem linken Fuß zurück und holt gleichzeitig zum Schlag aus, bis er den Gegner durch den Zwischenraum, den seine beiden oben angewinkelten Arme bilden, gut erkenne kann.
Beim Ausholen wird das Schwert des Gegners mit dem Shinogi der linken Schwertseite vom Schlagziel abgelenkt.

26. Der Shidachi tritt dann sofort mit dem rechten Fuß vor und schlägt auf das Men des Uchidachi.

27. Den rechten Fuß zurückziehend nimmt der Shidachi die Hidari-Morote-Jodan-Position wieder ein und übt mit genügend innerer Überlegenheit Zanshin aus. Das Zanshin wird entsprechend der ersten Übung ausgeführt.

28. Der Shidachi folgt, seinen rechten Fuß zurückziehend, dem Uchidachi, in die Chudan-Position. Mit drei kleinen Schritten kehren beide Partner, der Uchidachi mit dem linken Fuß beginnend, der Shidachi mit dem rechten, zur Mitte der Übungsfläche zurück. Beide senken ihre Kensen, lösen die Kamae-Haltung auf und gehen in die Ausgangstellung zurück.

29. Roppon-me (6 Übung)

Uchidachi und Shidachi treten beide mit dem rechten Fuß beginnend an das Maai heran. Der Uchidachi in der Chudan-Position, der Shidachi in der Gedan-Position.

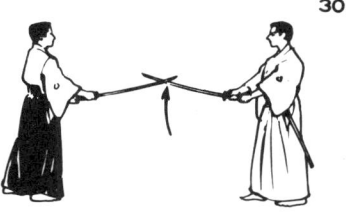

30

30. Der Shidachi sieht eine Gelegenheit und hebt sein Schwert so weit an, als wolle er aus der Chudan-Position zwischen die beiden Fäuste des Gegners schlagen.

31

31. Der Uchidachi will diesem Angriff entgegenwirken, senkt daher seine Schwertspitze ein wenig und weicht in dem Moment, in dem sich die Schwerter fast in gleicher Höhe befinden, die Hidari-Morote-Jodan-Position einnehmend mit dem rechten Fuß zurück. Gleich darauf tritt der Shidachi aus der Chudan-Position mit einem großen Okuri-Schritt vor.

32

32. Sofort weicht der Uchidachi mit seinem linken Fuß zurück, nimmt die Chudan-Position ein und schlägt, bei sich bietender Gelegenheit, zum rechten Kote des Shidachi. Der Shidachi weicht daraufhin mit dem linken Fuß beginnend zur linken Seite aus und reibt mit dem Gefühl, als wolle er einen Halbkreis um das gegnerische Schwert beschreiben, dieses — mit der rechten Shinogi-Seite (Sashi-Omote) — hoch. Mit dem rechten Fuß vortretend schlägt er auf den rechten Kote zu.

33

33. Der Shidachi tritt mit dem linken Fuß vor, nimmt die Hidari-Morote-Jodan-Position ein und übt entschlossen Zanshin aus. Darauf senkt der Uchidachi sein Kensen und weicht mit dem linken Fuß beginnend einen großen Schritt schräg nach links hinten zurück. Beide Partner nehmen die Chudan-Position ein und kehren mit dem rechten Fuß beginnend zur Mitte der Übungsfläche zurück. Sie senken die Schwertspitze und nehmen die Ausgangsstellung ein.

34. Nanahon-me (7. Übung)

Beide Partner gehen aus der Chudan-Position, mit dem rechten Fuß beginnend, bis zum entsprechenden Maai aufeinander zu. Der Uchidachi macht bei sich bietender Gelegenheit mit dem rechten Fuß einen leichten Schritt zur rechten Körperseite des Gegners und sticht mit der linken Shinogie-Seite nach vorn zu. Der Shidachi weicht mit dem linken Fuß zurück und stützt das Schwert des Gegners mit der linken Shinogi-Seite des eigenen Schwertes ab. Durch diese Bewegung werden beide Kensen ein wenig angehoben.

35. Beide Partner befinden sich jetzt in der Chudan-Position. Der Uchidachi tritt mit dem linken und dann mit dem rechten Fuß vor und schlägt, sich geistig von sich selbst lösend, auf das Shomen. Der Shidachi macht abwechselnd einen rechten Schritt, dann einen linken und wieder einen rechten Schritt. Ohne dabei den Gegner aus den Augen zu verlieren, schlägt er, am Uchidachi vorbeigehend, mit beiden Händen auf dessen rechte Do-Seite. Sodann läßt er sich mit dem rechten Knie zu Boden fallen und setzt die Zehen des rechten Fußes auf.
Das Schwert wird wieder in die richtige Lage zurückgeführt, so daß man die Sonkyo-Waki-Position einnimmt; man übt Zanshin aus.

36. Anschließend streckt der Uchidachi seinen Oberkörper, schwingt sein Schwert hoch über den Kopf nach vorn und nimmt, dem Shidachi korrekt gegenüberstehend, die Chudan-Position ein. Der Shidachi gleicht seine Bewegungen denen des Uchidachi an, indem er sein Schwert ebenfalls über den Kopf nach vorn schwingt, parallel zum Gegner richtet und in die Chudan-Position führt.

37. Stolz tritt der Shidachi mit dem rechten Fuß einen Schritt vor und erhebt sich dann. Der Uchidachi paßt sich den Bewegungen des Shidachi an und weicht langsam zurück, so daß jetzt beide Partner die Chudan-Position innehaben.

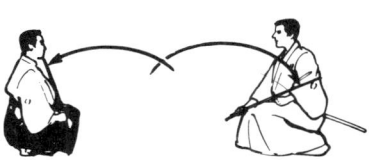

37

Ohne die Bewegungen zu unterbrechen, gehen beide, sich im Halbkreis bewegend, in die Mitte der Übungsfläche zurück, nehmen dann die Sonkyo-Stellung ein und stecken ihre Schwerter vorerst in die Scheide zurück.

38

38. Dann erheben sich beide Partner, gehen zurück in das Maai, in dem sie sich ganz zu Beginn gegenüberstanden und grüßen gegenseitig im Stand ab. Die Schwerter sind hierbei schon von der linken Hüfte entfernt und werden in der rechten Hand getragen.

Theoretisches Prinzip der O-Dachi-Übungen 1 bis 7

Ippon-me: In beiderseitiger Jodan-Haltung gehen die Partner angriffsbereit aufeinander zu. Mit der Sen-Sen-no-Sen-Angriffshaltung siegt der Shidachi.

Nihon-me: In beiderseitiger Chudan-Haltung gehen die Partner angriffsbereit aufeinander zu. Mit der Sen-Sen-no-Sen-Angriffshaltung siegt der Shidachi.

Sanbon-me: In beiderseitiger Gedan-Haltung gehen die Partner angriffsbereit aufeinander zu. Mit der Sen-Sen-no-Sen-Haltung siegt der Shidachi.

Yonhon-me: In der Hasso- bzw. Waki-Haltung gehen beide Partner aufeinander zu. Mit der Go-no-Sen-Angriffshaltung siegt der Shidachi.

Gohon-me: In der Jodan- bzw. Chudan-Haltung gehen die Partner angriffsbereit aufeinander zu.
Mit der Sen-Sen-no-Sen-Angriffshaltung siegt der Shidachi.

Roppon-me: In der Chudan- bzw. Gedan-Haltung gehen die Partner angriffsbereit aufeinander zu. Mit der Go-no-Sen-Angriffshaltung siegt der Shidachi.

Nanahon-me: In beidseitiger Chudan-Haltung gehen die Partner angriffsbereit aufeinander zu. Mit der Go-no-Sen-Angriffshaltung siegt der Shidachi.

189

39. Ko-Dachi (Kurzschwert)

Die Ko-Dachi-Übungen werden mit der Begrüßung eingeleitet; diese entspricht dem O-Dachi-Begrüßungszeremoniell. Beim Einnehmen der Kamae-Position werden auch hier beide Schwerter gleichzeitig herausgezogen; der Ko-Dachi-Kämpfer umfaßt mit der linken Hand locker das Ko-Dachi unterhalb des Tsuba; dabei ist der Daumen nach vorn gerichtet. Benutzt man ein Bokuto, so legt man die linke Hand leicht an die Hüfte, der Daumen zeigt hierbei nach hinten.

40. Beide Partner erheben sich zur Chudan-Position. Der Shidachi bringt hierbei ein wenig seine rechte Körperhälfte vor und streckt seine rechte Hand nach vorn, um auf diese Weise die Kürze seines Schwertes auszugleichen.

41. Das Kensen wird gesenkt, das Kamae gelöst; gleichzeitig läßt der Shidachi jetzt den linken Arm in der linken Körperhälfte hängen.

Ko-Dachi Sanbon (drei Kurzschwert-Übungen)

42. Ippon-me (erste Übung)

Den linken Fuß vorstreckend, geht der Uchidachi zur Hidari-Morote-Jodan-Position über. Der Shidachi nimmt die Chudan-Position ein. Er tritt mit der rechten Körperhälfte vor und hebt die Schwertspitze (als Vorbereitung

190

gegen den Jodan-Angriff) ein wenig an. Beide Partner gehen aufeinander zu; der Uchidachi mit dem linken Fuß beginnend, der Shidachi mit dem rechten.
Der Shidachi bewegt sich in der Irimi-Haltung vorwärts („Irimi", wörtlich: „in den Körper eindringen"). Der Shidachi dringt ohne das Kensen zu bewegen in das Maai des Gegners ein.

43. Nachdem beide Partner den Schlagabstand erreicht haben, schlägt der Uchidachi mit dem rechten Fuß vortretend aus der Hidari-Morote-Jodan-Position auf das Shomen des Shidachi. In diesem Moment weicht der Shidachi mit dem rechten Fuß beginnend schräg nach vorn aus. Gleichzeitig hebt er die rechte Hand über den Kopf, so daß die Schneideseite des Schwertes nach hinten weist und läßt den gegnerischen Schlag an der linken Shinogi-Seite des Schwertes abgleiten.

44. Der Shidachi setzt den linken Fuß zurück und schlägt gleichzeitig zum Shomen des Uchidachi.

45. Mit dem linken Fuß beginnend tritt der Shidachi langsam einen Schritt zurück und übt, in die Migi-Katate-Jodan-Position überleitend, Zanshin aus.

191

46. Dann nehmen beide Partner wieder die Chudan-Position ein. Mit dem linken Fuß beginnend gehen sie in die Position mit gekreuzten Klingen zurück.
Die Kensen werden gesenkt, die Kamae gelöst und die Ausgangsposition eingenommen.

47. Nihon-me (2. Übung)
Der Shidachi tritt mit der rechten Körperhälfte vor und senkt die Schwertspitze als Vorbereitung gegen den Gedan-Angriff ein wenig. Beide Partner gehen mit dem rechten Fuß beginnend bis zum Maai aufeinander zu. Der Uchidachi hebt dabei sein Schwert langsam bis annähernd zur Chudan-Position an, um sich zu schützen. In diesem Moment drückt der Shidachi das gegnerische Schwert herunter, um ein weiteres Anheben zu vermeiden und versucht seinerseits in der Irimi-Haltung (siehe oben) vorzudringen.

48. Der Uchidachi weicht mit dem rechten Fuß zurück und wendet das Kensen bis zur Waki-Position nach unten.

49. Da der Shidachi erneut die Irimi-Chudan-Position einnimmt, bewegt der Uchidachi das Schwert aus der Waki-Position aufwärts bis zur Hidari-Morote-Jodan-Position (linker Fuß vorn). Er hebt das Schwert so weit an, bis er durch den Zwischenraum, den seine Arme bilden, den Gegner sehen kann.

192

50. Der Uchidachi tritt mit dem rechten Fuß vor und schlägt gleichzeitig zum Shomen des Shidachi. Der Shidachi öffnet sein Kamae nach links, indem er mit dem linken Fuß beginnend einen Hiraki-Schritt macht (rechter Fuß hinten). Dabei hebt er seine rechte Hand über den Kopf — die Schneideseite des Schwertes zeigt nach hinten — und läßt den gegnerischen Schlag an der rechten Shinogi-Seite abgleiten.

51. Unmittelbar darauf schlägt der Shidachi auf das Shomen des Uchidachi; er drückt den rechten Arm des Uchidachi, am Ellenbogen packend, hinunter, und beraubt ihn der Bewegungsfreiheit seines Schwertarmes.

52. Der Shidachi übt Zanshin aus, indem er mit dem Kensen auf den Solar-Plexus des Gegners weist.

53. Beide Partner gehen dann wieder zur Chudan-Position über. Der Uchidachi mit dem linken Fuß vortretend, der Shidachi mit dem rechten. Sie kreuzen ihre Klingen. Der Shidachi hat dabei das Gefühl, als beherrsche er das gegnerische Schwert, indem er es mit dem eigenen hinunterdrückt.

54. Sanbon-me (3. Übung)

Der Uchidachi nimmt die Chudan-Position ein. Der Shidachi nimmt die Gedan-Position ein und tritt mit der rechten Körperhälfte vor. Mit dem rechten Fuß beginnend gehen beide Partner aufeinander zu; der Shidachi versucht mit der Irimi-Haltung anzugreifen.

55. Aus dem Abstand bei der Gegenüberstellung heraus bewegt sich der Uchidachi abwechselnd mit dem rechten und linken Fuß vorwärts. Dann tritt er mit dem rechten Fuß vor, hebt dabei das Schwert aus der Chudan-Position bis über den Kopf hoch und schlägt zum Men des Shidachi. Dieser fängt den Shomen-Schlag mit der linken Shinogi-Seite seines Schwertes auf.

56. Hat der Shidachi den gegnerischen Schlag erst mit einer Suriage-Bewegung nach oben abgelenkt, so läßt er den Schlag jetzt nach links unten (vom Uchidachi aus gesehen, schräg nach rechts vorn) abgleiten.

57. Sofort schlägt der Uchidachi, mit dem linken Fuß vortretend, zur rechten Do-Seite des Shidachi.
Der Shidachi tritt mit dem linken Fuß schräg nach links vor. Alsdann dreht er sich mit seinem Körper nach rechts und läßt das gegnerische Schwert mit der linken Shinogi-Seite seines eigenen Schwertes abgleiten. Nun dringt er — in unveränderter Haltung — mit der linken Shinogi-Seite bis an das Tsuba-Moto des gegnerischen Schwertes vor und bezwingt das Schwert mit dem Habiki* des Ko-Dachi.
In der Irimi-Haltung ergreift er den rechten Ellenbogen des Uchidachi.   *

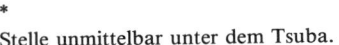

Stelle unmittelbar unter dem Tsuba.

194

58. Der Shidachi packt den rechten Ellenbogen des Uchidachi ein wenig seitlich.   Dem Zurückweichen des Uchidachi entsprechend, folgt er ihm in unveränderter Angriffs-
haltung 2 bis 3 Schritte. Das Kensen weist auf den Solar-
Plexus des Uchidachi; es wird Zanshin ausgeübt.

59. Beide Partner gehen in die Position mit gekreuzten
Klingen zurück, der Uchidachi mit dem rechten Fuß begin-
nend, der Shidachi mit dem linken. Sie nehmen die Chudan-
Position ein.

60.   Beide Partner gehen in die Sonkyo-Position über und
stecken ihre Schwerter zurück.

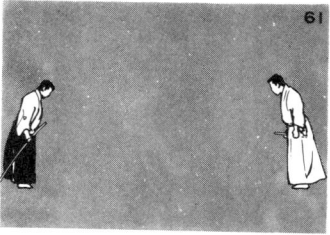

61.   Sich gemeinsam erhebend, entfernen sie sich rückwärts bis zum Abstand wie zu Beginn. Das Schwert wird in
der rechten Hand gehalten. Das Abgrüßen erfolgt gleichzeitig aus dem Stand. Das Schwert wird wie in Abb. 4 gehalten.

62. In der Mitte der Fechthalle verbeugen sich beide Partner aus dem Stand in Richtung Shomen. Das Schwert wird wie in Abb. 3 gehalten.

63. Uchidachi und Shidachi gehen wieder zum Ura-Shomen (Shimoza) zurück und grüßen gegenseitig aus dem Sitz nochmals ab. Das Schwert wird entsprechend der Abb. 2 an die Seite gelegt.

196

Das Kendo Training —
Das Geheimnis des Erfolges

JUNBI-UNDO (Vorbereitungstraining)

Welchem Zweck dient das Vorbereitungstraining?

Abgesehen vom Kendo ist es in den härteren Sportarten meist üblich, das Training mit einer Reihe von Aufwärmübungen einzuleiten. Welchem Zweck dienen diese Übungen? Denken wir z.B. an ein Auto, so stellen wir fest, daß der Motor an kalten Wintermorgen öfter nicht anspringen will. Und selbst wenn ein Motor schließlich angesprungen ist, braucht er einige Zeit, bis er genügend warm und eine ausreichende Schmierung aller Motorteile gewährleistet ist. Erst dann kann der Motor volle Leistung bringen.

Genauso verhält es sich mit dem menschlichen Körper. Wenn Sie morgens nach dem Erwachen sofort einige gymnastische Übungen machen, so bemerken Sie sicherlich, daß der Körper erstaunlich steif ist. Entschließen Sie sich jedoch dazu, den arbeitsreichen Tag kurz vor dem Zubettgehen mit denselben gymnastischen Übungen abzurunden, so stellen Sie fest, daß Ihr Körper auch ohne vorangegangenes Sondertraining wesentlich gelockerter ist als am Morgen.

Folglich stellen wir fest, daß wir morgens unmittelbar nach dem Erwachen keine effektive Arbeit oder eine gute sportliche Leistung erbringen können, da unser Körper nicht darauf vorbereitet ist; tun wir es dennoch, so erhöht sich damit gleichzeitig die Gefahr von Verletzungen. Aus diesem Grunde ist es auch vor Beginn eines jeden Trainings notwendig, Aufwärmgymnastik durchzuführen. Der Körper wird dadurch langsam auf das anschließende Training vorbereitet, und die Unfallgefahr verringert.

Es gab allerdings früher Meisterkämpfer, die das Vorbereitungstraining als etwas Schändliches betrachteten und daher grundsätzlich ablehnten. Ihre Haltung begründeten sie damit, daß es in der Natur der Sache liegt, daß man an jedem Ort und zu jeder Zeit auf einen überraschenden Angriff ohne Bestürzung reagieren können muß. Betrachten wir Kendo jedoch als eine Sportart und gehen wir vom sportphysiologischen Standpunkt aus, so ist das Vorbereitungstraining von größter Notwendigkeit.

Merkmale eines guten Vorbereitungstrainings
(überarbeitet von Dipl.-Sportlehrer M. Wiskow).

1. Die **Dauer** des Aufwärmens sollte 1/4 - 1/5 der Gesamttrainingszeit betragen.
2. **Aufbau:** a.   allgemeine Lockerungs- und Flexibilitätsübungen
                  b.   leichte sportartspezifische Belastungen
                  c.   intensivere sportartspezifische Belastungen (in der angegebenen Reihenfolge)

3. Die **Belastung**, leicht beginnend, sollte langsam und stufenweise gesteigert werden. Aber selbst die intensivsten Übungen dürfen nicht zu muskulärer Ermüdung führen!

4. Es hat sich als sinnvoll erwiesen, das Durcharbeiten der einzelnen Körperteile bei den Extremitäten zu beginnen und dann rumpfwärts (von außen zur Mitte) weiterzuleiten.

- Ganzkörperübungen (Kreislaufanregung)
- Füße (Fußgelenke)
- Knie
- Hüftgelenke
- Beine (Vorder- und Rückseite)
- Hände (Handgelenke)
- Arme
- Schultern
- Rumpf/Hals

5. **Individueller Aufbau:** Jeder fortgeschrittene Sportler sollte sich im Laufe der Zeit ein Aufwärmprogramm zusammenstellen, das nach Auswahl, Dauer und Intensität der Übungen ganz auf seine persönlichen Bedürfnisse und Neigungen ausgerichtet ist. Anfänger sollten sich unter Anleitung eines Fortgeschrittenen aufwärmen, damit Fehler vermieden werden.

6. Aufwärmen kann und sollte **Spaß** machen und nicht nur notwendiges Übel sein. Es ist nichts gegen spielerische Übungsformen einzuwenden, wenn sie gleichzeitig sinnvoll beanspruchen.

Durchführungshinweise

1. Lockerungsübungen (Ausschütteln, Schwünge usw.) verbessern die Fähigkeiten des muskulären Spannungs-Entspannungs-Wechsels, was für die Ökonomie und Schnelligkeit der Bewegungen wichtig ist.

2 Flexibilitätsübungen (Übungen zur Beweglichmachung) vermindern durch Dehnen der Muskulatur die Verletzungsgefahr, besonders bei schnelleren Bewegungen (Muskelzerrung, -riß). Die Übungen sind erst dann effektiv, wenn (bei vorsichtiger Ausführung) ein leichtes Ziehen in der Muskulatur (sog. Dehnungsschmerz) zu spüren ist.

Achtung! Die Muskulatur muß schon vorgewärmt sein. Bei kalten Muskeln besteht sonst erhöhte Gefahr von Zerrungen! Erst dynamisch (federnd), dann statisch (haltend) dehnen. Intensiven Dehnübungen sollen unbedingt Lockerungsübungen folgen.

3. Atmung beachten! Bei den Übungen den Atem weder anhalten noch krampfhaft ausstoßen (Preßatmung). Im allgemeinen sollte man bei Körperstreckung einatmen, bei Beugung und Dehnübungen ausatmen.

4. In Wettkampfpausen ist Wärmeverlust zu vermeiden, am besten durch Überziehen von Trainingsanzug oder ähnlichem. Unter Umständen leichte Aufwärmübungen einschieben.

5. Schwitzen, erhöhter Puls usw. sind keine zuverlässigen Indikatoren für gutes Aufgewärmtsein, weil sie zu sehr von anderen Bedingungen (Außentemperatur, allgemeine vegetative Lage, vorangegangener Kaffeegenuß usw.) abhängig sind. Insofern gibt es , m. E. keine objektiven Kriterien für den optimalen Aufwärmezustand. Unter Berücksichtigung des individuellen Auf-

baus kann lediglich das subjektive Wohlbefinden als „Maßstab" gelten. Hier ist jedoch jeder Sportler auf seine persönlichen Erfahrungen angewiesen.

6. Man kann das Aufwärmen effektiver und vielseitiger gestalten, wenn der Do-Panzer dabei nicht getragen wird. Das Tare behindert erfahrungsgemäß kaum.

Aufbau des Vorbereitungstrainings

Das Vorbereitungstraining sollte thematisch folgendermaßen aufgebaut sein.:
1. allgemeine Lockerungs- und Flexibilitätsübungen
   a. Auftakt
   b. Beine, gesamt
   c. Füße
   d. Knie
   e. Wadenmuskeln dehnen
   f. Hüftgelenke
   g. Dehnung der Beinrückseite
   h. Dehnung der Beinvorderseite
   i. Handgelenke
   j. Arme, Schultern
   k. Rumpf
   l. Hals
2. leichte sportspezifische Belastungen
3. intensivere sportspezifische Belastungen (Übungen mit dem Shinai)

Übungsbeispiele:

Allgemeine Lockerungs- und Flexibilitätsübungen

a. Prinzip: Kreislaufanregung, Ganzkörperübungen
   Ausführung: gehen, traben; dabei Beine und Arme ausschütteln
   spielerische Kämpfe: z.B. Knieabschlagen
b. Prinzip: Beinschwünge
   Ausführung: - abwechselndes, lockeres Schwingen der Beine im Stand (vor, zurück; frontal)
                 - Sitz: Ober- und Unterschenkelmuskulatur mit den Händen lockern, massieren
c. Prinzip: Beweglichmachen der Fuß- und Zehengelenke
   Ausführung: - Stand: Füße abwechselnd locker ausschütteln
                 - Füße abwechselnd in die Hand nehmen; kreisen, dehnen, Zehen massieren

d. Prinzip: Vorbelastung der Kniegelenke
    Ausführung: - Knie abwechselnd beugen, strecken
                 - Knie kreisen

e. Prinzip: Dehnung der Wadenmuskulatur, Vorbelastung der Achillessehne
    Ausführung: - Ausfallschritt oder Winkelliegestütz oder Abstützen an der Wand: abwech-
                   selnd rechte und linke Ferse federnd zum Boden drücken
                 - Strecksitz: ein Partner faßt mit einer Hand unter die Ferse, drückt mit
                   der anderen Hand gegen Fußballen und Zehen
                 - danach die Beine ausschütteln
f. Prinzip: Beweglichmachen der Hüftgelenke
    Ausführung: - leichte Grätschstellung, Hüftkreisen
                 - mittlere Grätschstellung, Füße nach außen drehen, Hüfte senkrecht nach un-
                   ten sacken lassen, mehrmals nachfedernd. Oberkörper kann dabei senkrecht
                   oder gebeugt gehalten werden
                 - Grätschsitz mit leicht angehockten Beinen: ein Partner drückt den Oberkör-
                   per von hinten federnd nach vorne (Hände unterhalb der Schulterblätter
                   großflächig auflegen)
g. Prinzip: Dehnung der rückseitigen Oberschenkelmuskulatur
    Ausführung: - Rumpfbeuge mit geschlossenen Beinen, erst federnd, dann einige Sekunden
                   haltend die Handflächen zum Boden bringen
                 - weite Grätschstellung, Rumpfbeuge, Ellbogen zum Boden führen. Dann mit
                   der rechten Hand zum linken Fuß greifen, von dort mit federnden Rumpf-
                   beugen nach rechts wandern bis die linke Hand den rechten Fuß greift
                 - Partnerübung wie unter f, jedoch mit gestreckten Beinen (geschlossen oder
                   gegrätscht)
                 - aufrichten und Beine ausschütteln
h. Prinzip: Dehnung der vorderen Oberschenkelmuskulatur
    Ausführung: - Fersensitz, Oberkörper vorsichtig nach hinten neigen, dabei mit den Händen
                   hinten abstützen! Mehrmals wiederholen.
                 - Ausfallschritt: Hüfte diagonal nach unten federn

i. Prinzip: Beweglichmachen der Handgelenke, Dehnung der Unterarmmuskulatur
    Ausführung: - Hände hin- und herschütteln
                 - Hände falten und kreisende Bewegungen ausführen
                 - Finger und Handgelenke durch Überstrecken nach allen Seiten dehnen (auch
                   partnerweise)
                 - Hände locker ausschütteln

j. Prinzip: Beweglichmachen der Schultergelenke, Dehnung der Brust- und Oberarm-
                    muskulatur
    Ausführung: - Schulterkreisen, Arme bleiben dabei hängen
                 - Armkreisen, langsam und schnell
                 - Arme gestreckt ausbreiten, Hände etwa in Kopfhöhe, Arme gestreckt nach
                   hinten federn, dann nach vorne fallen lassen, einmal rück- und vorpendeln
                   und wieder hochheben usw.

                 - Rutschhalte mit gestreckten Armen, in den Schultern nachfedernd
                   Partnerübung: Grätschstand, Gesichter zueinander, Rumpfbeuge vorwärts,
                   gegenseitiges Schulterfassen, mit dem Oberkörper nach unten federn

k. Prinzip: Beweglichmachen der Wirbelsäule
   Ausführung: - leichte Grätschstellung, Oberkörper aufrecht hin- und herdrehen, dabei
                  die Arme locker um den Körper schlagen lassen

- Rumpfkreisen bei gegrätschten Beinen

- leichte Grätschstellung, linken Arm nach oben strecken, Oberarm liegt am
  linken Ohr, den Oberkörper weit nach rechts beugen, dabei in den Beinen
  nicht nachgeben und den Oberkörper nicht verdrehen. Dasselbe zur anderen
  Seite.

1. Prinzip: Dehnung der Halsmuskulatur
   Ausführung: - Kopf nach vorn und hinten kippen
                  - Kopf nach links und rechts drehen

               - Kopf seitlich neigen, langsam ziehend, die Gegenschulter nach unten ziehen
               - Kopf kreisen, langsam mit größtmöglichem Ausschlag

               - Kopf kreisen, schwungvoll, mehrfach die Richtung wechseln

Leichte sportspezifische Belastungen (Übungen ohne Shinai)

               - zügiges Laufen auf den Ballen (,,leise laufen'')
               - Hopserlauf, möglichst leise
               - Schrittsprünge, weit nach vorne
               - aus dem Lauf mehrmals in die Hocke gehen
               - mehrere Sprints über die Hälfte der Halle
               - kurze Zieh- und Schiebekämpfe (z.B. ,,Sumo'')
               - Reaktionsübungen

Intensivere sportartspezifische Belastungen (Übungen mit Shinai)

Suburi

Zenshin-Kotai-Joge-Buri (20 Mal)
(Abwechselndes Auf- und Abschwingen mit dem Shinai im Vorwärts- und Rückwärtsgehen)
Mit dem Shinai wird aus der Chudan-Position auf der Mittelachse ausgeholt und dann bis zur Kniehöhe durchgeschlagen.

Ausführung: siehe Joge-Buri, S. 71 Diese Schlagbewegungen werden im Vorwärts- und Rückwärtsgehen ausgeübt.
Achtung: Man spanne Arme und Schultern nicht unnütz an, sondern mache lockere und große Bewegungen.
Im Kendo wird ein Schlag kreisförmig ausgeführt, wobei die Schultern im Mittelpunkt des Kreises liegen. Daher ist es notwendig, die Beweglichkeit der Schultergelenke zu fördern.
Um gerade schlagen zu lernen, hole man soweit aus, bis das Shinai in der Mitte des verlängerten Rückgrats aufkommt.

Zenshin-Kotai-Shomen-Buri (30 Mal)
(Shomen-Schlag im Vorwärts- und Rückwärtsgehen)
Man holt aus der Chudan-Position aus und schlägt bis zur Men-Höhe durch.
Ausführung: siehe Men-Schläge, S. 75 (mit Okuri-Fußarbeit). Diese Schlagbewegungen werden im Vorwärts- und Rückwärtsgehen (Ashi-Sabaki) 30 Mal ausgeführt.
Achtung: Man spanne nur in dem Moment, in dem das Shinai die Men-Höhe erreicht hat, die Hände an und lockere sie unmittelbar danach wieder.

Zenshin-Kotai-Migihiraki-Hidarihiraki-Sayumen-Buri (2-3 mal 8 Schläge)
(Seitlicher Men-Schlag mit Vorwärts- und Rückwärts-, rechtem und linkem Ausfallschritt)
Diese Kombinationsübung setzt sich zusammen aus seitlichen Men-Schlagbewegungen, Okuri-
Fußarbeit nach vorn und nach hinten und Ausfallschritten nach rechts und nach links.
Ausführung: Bei Zählkommando (im folgenden mit Zk ab-
gekürzt) 1 wird aus der Chudan-Position ein Schritt nach
vorne gemacht und auf die linke Men-Seite geschlagen; bei
Zk 2 wird ein Schritt nach hinten gemacht und auf die rechte
Men-Seite geschlagen. Bei Zk 3 erfolgt ein Ausfallschritt
nach rechts mit linkem Men-Schlag und bei Zk 4 ein
Ausfallschritt nach links mit rechtem Men-Schlag.
Diese Schlagkombination wird 4-6 Mal wiederholt. Genau-
ere Anleitungen für die Sayumen-Schläge sind auf Seite 80
zu finden.

Achtung: Bei diesen Suburi-Übungen stelle man sich einen
fiktiven Partner von gleicher Größe vor und schlage korrekt bis zur Höhe der festgelegten fiktiven Ziele.

205

Zengo-Choyaku-Shomen-Buri (20 Mal)
(Shomen-Schlag im Vorwärts- und Rückwärtsspringen)
In dieser Übung wird der Men-Schlag mit der Sprungarbeit
der Füße nach vorn und nach hinten vereint.

Ausführung: Aus der Chudan-Position springt man mit
dem linken Fuß beginnend einen Schritt zurück und holt
dabei zum Men-Schlag aus, sofort springt man wieder einen
Schritt mit dem rechten Fuß beginnend vor und schlägt bis
in Höhe des Men. Diese Übung wiederhole man ohne Unterbrechung 20 Mal.

Achtung: Die Sprung-Schlag-Bewegung sollte flüssig ausgeführt werden, wobei Fuß- und Handarbeit eine Einheit dar-
stellen.

206

Shinkokyu

(Übungen zum tiefen Einatmen)

In dieser Kombinationsübung werden Joge-Buri, Dehnübungen des Brustkorbes und das Einnehmen der Sonkyo-
Haltung vereint.

Ausführung: Bei Zk 1 hole man aus der Chudan-Position
weit aus, dehne dabei die Brust und atme tief ein. Bei Zk 2
gehe man, das Shinai nach vorn senkend, in die Sonkyo-
Chudan-Position und atme tief aus. Bei Zk 3 erhebe man
sich, mit dem Shinai ausholend, und atme tief ein. Bei Zk 4
senke man das Shinai bis zur Chudan-Position und atme
dabei aus.

Diese Atemübungen wiederhole man insgesamt mindestens
4 Mal.

Achtung: Man verlangsame die Bewegungen allmählich und
versuche, einen ruhigen Atemrythmus nach harten Übungen
wiederherzustellen.

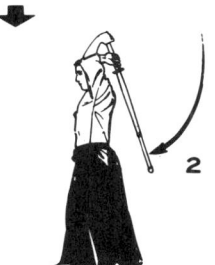

Anmerkung:

Die hier angegebenen Übungswiederholungen sind Erfahrungswerte. Bei Anfängern wird man
weniger nehmen. Aber selbst gut trainierte Kendoka sollten nicht viel mehr machen, da sonst
leicht Ermüdungserscheinungen auftreten, die die Bedingungen für das nachfolgende Training
verschlechtern. Das ist nicht der Sinn des Aufwärmens. Zwischen den einzelnen Übungen sollte
genügend Gelengenheit zu Lockerungsübungen gegeben werden.

HOKYO - UNDO (Stärkungstraining)

Kampffähigkeit = Technik x Körper

Wie aus der oberen Gleichung hervorgeht, kann eine gute Kampffähigkeit nur durch das permanente Üben der Techniken **und** Verbesserung der körperlichen Leistungsfähigkeit entwickelt werden. Diese Formel läßt sich nicht allein für Kendo, sondern für sämtliche Sportarten anwenden. Das heißt, daß man zur Förderung der Kampffähigkeit, die Ausbildung der Basiskomponente, der körperlichen Leistungsfähigkeit, nicht ignorieren darf.

Durch das Stärkungstraining sollen im Prinzip Muskelkraft, Schnelligkeit, Schnellkraft, Ausdauer und Beweglichkeit gefördert werden. Es wird aber wohl kaum möglich sein, jeden dieser Faktoren einzeln herauszugreifen und Trainingsmethoden zu finden, die nur eine dieser spezifischen Eigenschaften fördern. Dies liegt daran, daß die hier aufgezählten Eigenschaften ineinander übergreifen, so daß man die Stärkungsübungen, die für alle Eigenschaften förderlich sind, sich auf einen bestimmten Faktor konzentrierend, ausführen muß.

Das Ergebnis einer solchen Übung ist sowohl abhängig von ihrem Platz innerhalb der methodischen Reihenfolge, als auch davon, wie die Elemente Krafteinsatz, Häufigkeit, Tempo, etc. betont werden.

Ferner muß bedacht werden, daß, obwohl das verfolgte Trainingsziel dasselbe sein mag, es doch viele Methoden zu seiner praktischen Verwirklichung gibt, die jeweils besondere Charakteristika aufweisen.

Aus der Vielfalt verschiedener Methoden habe ich hier für jede Eigenschaft 2 oder 3 Übungsspiele herausgegriffen. Jeder mag die seinem derzeitigen Niveau entsprechenden Methoden anwenden und versuchen, sie nacheinander im Trainingsalltag aufzugreifen.

Da ich mich auf die Erklärung der Methoden allein beschränkt habe, mag ein jeder selbst, seinem Leistungsgrad gemäß, entscheiden, auf welche Teilaspekte (Krafteinsatz, Häufigkeit oder Tempo) er in seinen Übungen Wert legt. Es wird mit dieser Methode keinesfalls beabsichtigt, daß der Kendotreibende von Beginn an eine Höchstleistung erbringt; man soll während des Trainings darum bemüht sein, die Ausführungseinheiten jeder Übung langsam zu steigern.

Achtung: Die Zahlen im folgenden Text beziehen sich nicht auf die Abbildungen, sondern sind lediglich Zählkommandos.

1. Schnelligkeitstraining

Beschleunigung der Fußarbeit

- Skipping
Wer gute Fortschritte in den Kendo-Techniken erzielen will, muß auch um eine gute Fußarbeit bemüht sein. Eine Methode dafür ist das „Skipping''.

Ausführung: Man mache auf der Stelle für ca. 10 bis 20 Sek. einen schnellen Kniehebelauf mit möglichst hoher Schrittfrequenz.
Achtung: Die Füße brauchen nicht weit vom Boden gehoben werden. Man mache möglichst schnelle und kleine Tritte.

Schlagmethoden mit einem Tuch
- Shomen-Schlag im Vorwärts- und Rückwärtsspringen.
Auf Seite 77 wurde unter anderem der „Shomen-Schlag im Vorwärts- und Rückwärtsspringen" erklärt. Hier wird dasselbe gemacht, nur wird das Shinai durch ein Tuch ersetzt.
Ausführung: Um die Arme möglichst zu entlasten, wird in dieser Übung an Stelle eines Shinai ein Handtuch benutzt, das zusammengefaltet wird, bis es die Länge eines Shinai-Griffs erlangt hat. Man führe damit die Schlagbewegungen aus und versuche, so schnell wie möglich vor- und rückwärts zu springen.

Achtung: Auch bei dieser Übung schlage man mit dem Gefühl, als hätte man ein Shinai in den Händen; man wende Tenouchi an und führe die einzelnen Schlagbewegungen korrekt aus.

- **Oikomi** - („in die Enge treiben"; auch Kage-Uchi, „Schattenschlagen" genannt).
Das Kakari-Geiko gehört unter anderem zu den traditionellen Trainingsmethoden des Kendo. Muß man allerdings ohne Partner trainieren, so eignet sich die Oikomi-Übung sehr gut dazu.
Ausführung: Ist die Halle groß, so stelle man sich einen fiktiven Gegner vor, den man mit schnellen Angriffen von der einen Seite der Halle zur anderen jagt. Ist die Halle klein, ändere man die Angriffsrichtung zwischendurch beliebig.

In kurzen Zeitabschnitten versuche man, schnell und unter Aufbietung der gesamten Kräfte zu schlagen.
Achtung: Man wechsle die Angriffsziele Men, Kote, Do, bzw. Kombinationsangriffe möglichst oft, um ein effektives Training zu gewährleisten.

Partnerübungen

- Ofuku-Men Uchi (Men-Schlag hin und zurück)

Die Grundlage aller Schlagtechniken ist der Shomen-Schlag. Er soll in dieser Übung unter Einhaltung der Einheit von Geist, Schwert und Körper (Ki-Ken-Tai) mit schnellem Bewegungsablauf ausgeführt werden.

Ausführung: Partner B hält ein Shinai waagerecht in Höhe seines Kopfes. Aus der Chudan-Position greift Partner A „Men-"rufend dieses Shinai an. Ist der Schlag erfolgt, so läuft er zunächst in verlängerter Zielrichtung durch, wendet sich dann um und schlägt auf dem Rückweg erneut auf das Shinai.

Man verabredet eine bestimmte Anzahl von Schlagfolgen. Dann lösen sich die beiden Partner ab.

Achtung: Da nur das letzte Drittel des Shinai (Mono-Uchi) beim Schlag auftreffen darf, achte man auf den Schlagabstand. Man versuche aus möglichst großer Entfernung in einem Zuge zuzuschlagen. Der Partner, der das Schlagziel-Shinai hält, sollte die Schlagfolgen zählen.

Ofuku-Nidan-Uchi (Zwei-Stufenschläge hin und zurück)
(Kote-Men)

Partner B hält zwei Shinai, eines in Kote- und eines in Men-Höhe.

Im Prinzip gleicht diese Übung der vorangegangenen; Partner A übt jetzt möglichst korrekt und schnell eine Kombinationstechnik.

Ausführung: Partner A greift aus der Chudan-Position erst das Shinai in Kote-Höhe an. Hat er es mit dem Kiai „Kote" getroffen, so schlägt er unverzüglich „Men-"rufend, auf das zweite Shinai und läuft durch. Auf dem Rückweg wiederholt er dieselbe Schlagfolge.

210

Man einigt sich auch hier auf eine bestimmte Anzahl von Schlagkombinationen.

Achtung: Partner B hält das „Kote-Shinai" waagerecht in Höhe seiner Handgelenke und das „Men-Shinai" ebenfalls waagerecht in Höhe seines eigenen Kopfes. Auch achte er darauf, daß Partner A nicht gegen das Shinai stößt, was leicht dann passieren kann, wenn er, durch unkorrektes Einschätzen des Schlagabstandes ins Wanken gerät.

2. Schnellkraftübungen

Übung ohne Shinai
— **Sori-Tobi** (Strecksprung)
Diese Übung kombiniert Sprung und Übersteckung des gesamten Körpers.

Ausführung: Man hockt sich hin und legt die Handflächen auf den Boden. Aus dieser Stellung springt man hoch und biegt den Körper dabei möglichst stark nach hinten. Kommt man wieder auf dem Boden auf, so geht man unmittelbar in die Hocke und legt die Handflächen wieder auf den Boden. Diese Übung wiederhole man mehrmals.

Übungen mit Shinai
- Sonkyo-Choyaku-Shomen (Shomen-Schlag in der Sonkyo-Haltung) - ohne Partner -
Diese Übung kombiniert das Hüpfen in der Sonkyo-Haltung mit dem Shomen-Schlag.

Ausführung: In der Sonkyo-Chudan-Position hüpft man
leicht hoch und holt dabei aus. Beim zweiten Hüpfer schlägt
man zu.

Achtung: Sprung- und Suburi-Bewegung müssen harmo-
nisch ausgeführt werden. Mit vorgestrecktem Bauch und
tiefgehaltenen Knieen wird der Oberkörper aufrecht gehalten.

- Sonkyo-Choyaku-Sayu-Do-Uchi (rechter und linker Do-
Schlag in der Sonkyo-Haltung) - mit Partner -
Diese Übung, die Anfängern im Moment kompliziert erscheinen mag, erweist sich nach einiger Einübung als relativ
einfach. In dieser Übung werden Hüpfer und Men-kaeshi-
Sayu-Do-Schlag kombiniert.
Ausführung: Partner A hockt in der Sonkyo-Position korrekt gegenüber dem stehenden Partner B, der sein Shinai
zum Schlag aufwärtsbewegt.
Bei Hüpfer 1 fängt Partner A den von Partner B ausgeführten Men-Schlag mit seiner linken Shinai-Seite auf.

212

Bei Hüpfer 2 holt Partner B erneut zum Schlag aus, während Partner A, mit einer kleinen Rechtsdrehung beim Hüpfer, auf die gegnerische Do-Seite schlägt.

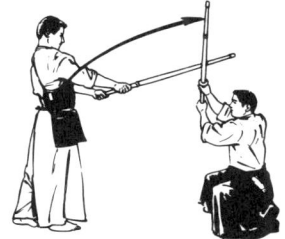

Bei Hüpfer 3 reagiert Partner A auf den Men-Schlag von Partner B, indem er diesmal den Schlag mit seiner rechten Shinai-Seite auffängt. Bei Hüpfer 4 holt Partner B erneut zum Schlag aus, während Partner A, mit einer kleinen Linksdrehung beim Hüpfer, auf die gegnerische linke Do-Seite schlägt. Diese Übung wiederhole man mehrmals.

Achtung: Diese Übung muß von beiden Partnern rythmisch abgestimmt ausgeführt werden. Man schlage bei den seitlichen Drehungen korrekt auf das gegnerische Do.

3. Muskelkraftübungen

Übungen mit dem Suburi-Bo (auch Bokken genannt)
- Shomen-Suburi

Man nehme einen im Verhältnis zum Shinai schwereren Suburi-Holzstab und führe damit Men-Schlagbewegungen aus. Diese Übung dient zur Stärkung des Tenouchi und der Straffung der Oberarm-, Schulter- und Brustmuskulatur.
Ausführung: Für die Ausführung der Schlagübungen siehe Seite 75 ,,Shomen-Schlag im Vorwärts- und Rückwärtsgehen''.

Achtung: Man wähle ein den eigenen Muskelkräften angemessen schweres Bokken und übe in korrekter Haltung.

4. Übungen zur Verbesserung der Beweglichkeit

- Beweglichmachen der Schultergelenke

Das Shinai wird an beiden Enden mit den Händen gehalten. Mit dieser Übung soll ein hoher Beweglichkeitsgrad der Schultergelenke erlangt werden.

214

Ausführung: Das Shinai wird vor dem Körper, mit der rechten Hand am Tsuba (bzw. Tsuba-Moto), mit der linken Hand an der Shinai-Spitze, gehalten. Unter Beibehaltung des einmal festgelegten Abstandes wird das Shinai mit gestreckten Armen abwechselnd nach hinten und nach vorn geführt.
Diese Bewegungen wiederhole man mehrmals.

Achtung: Da diese Übung bei Ausführung mit angewinkelten Ellenbogen nicht wirksam ist, lasse man die Arme gestreckt. Schafft man die Übung mit Leichtigkeit, so verkürze man langsam den Abstand zwischen beiden Händen.

5. Übung zur Verbesserung der Ausdauer

- Suburi

Da hier die Arme mit einem Bokken zusätzlich belastet werden, dienen diese Übungen der Verbesserung der Ausdauer.

Ausführung: Aus der Chudan-Position tritt man einen Schritt zurück und wendet das Bokken von rechts unten diagonal über den Kopf nach hinten. Unverändert senkt man es jetzt wieder bis in die Chudan-Position und macht dabei einen Schritt nach vorn.
Diese Bewegung wiederhole man mehrmals.

Achtung: in dem Moment, in dem man das Bokken wieder in die Chudan-Position zurückführt, stoppe man den Schlag durch kräftiges Ausüben des Tenouchi. Auf keinen Fall darf man der Belastung des Bokken nachgeben, da man sonst leicht die korrekte Haltung verliert.

Um mit dieser Methode die Ausdauer zu stärken, muß obige Schlagbewegung mindestens 100 Mal wiederholt werden. Dieselbe Übung kann mit dem Shinai ausgeführt werden. Man übe dabei mit angehaltenem Atem, ohne sich zu überanstrengen, und versuche allmählich die Atempausen zu verlängern.

216

DIE METHODE ZUM ERLERNEN DES KENDO

(Der Weg zum Erfolg)

a) **Fleißiges Keiko**

Wer von der Arbeit, Schule oder Universität abgespannt nach Hause kommt, muß sehr viel Energie aufbringen und einen starken Willen haben, um trotz allem beim Training zu erscheinen. Das ständige Keiko ist jedoch für den Erfolg von entscheidender Bedeutung. Man sollte den Körper stählen und härten. Allerdings schadet zuviel auch hier. Durch das Training stärkt man die Muskulatur. Übt man jedoch zuviel, werden die Muskeln hart und verkrampft, übt man dagegen zuwenig, so kommt es zu einer Rückbildung der Muskeln. Deshalb empfiehlt es sich, regelmäßig und vernünftig zu trainieren, um sich in guter Form zu halten

b) **Das Einhalten der Grundtechniken und der theoretische Hintergrund**

Das heutige Kendo ist durch die Sportwissenschaft geprägt, weswegen auch der Theorie viel Bedeutung beigemessen wird. Kennt man die Theorie und übt man die Grundtechniken richtig, so vermeidet man, sich Fehler anzueigenen und kann sein Kendo-Niveau steigern. Die grundlegenden Punkte wie:
Abstand, Schlaggelegenheit und Zeiteinteilung beim Schlag sind bei jedem Üben streng zu befolgen.

c) **Die korrekte Begrüßung**

Da es beim Kendo — wie auch bei anderen Kampfsportarten — zu körperlichem Kontakt kommt, ist es besonders wichtig, daß man stets Maß hält. Das Fechten darf nicht zur Gewalttat ausarten. Durch Befolgung der Begrüßungsvorschriften bringt man die Achtung vor dem Gegner zum Ausdruck. Man zeigt dadurch ferner seine Lernbereitschaft und hat häufiger Gelegenheit, sich Hinweise von Lehrern und Kameraden zu eigen zu machen.

d) **Keiko mit ,,Kihaku'' (Absolute Anspannung des ,,Geistes'')**

In Japan gibt es ein Sprichwort, das übersetzt bedeutet: Wenn kein Geist (,,KI'') im Menschen ist, kann er auch keine Kraft entfalten.
Wer keinen Willen hat, kann demnach keine Technik entwickeln. Dieser Satz gilt ganz allgemein, denn wenn man etwas vollbringen möchte, muß man es mit ganzem Willen und unter Anspannung jedes Nerves tun (,,Kihaku''). Bevor man einen Gegner mit dem Shinai besiegt, muß man ihn vorher schon ,,geistig'' bedrängt und besiegt haben.

e) **Üben mit einem starken Gegner**

Wer immer nur mit schwächeren Gegnern trainiert, kann seine Technik nicht entwickeln. Daher soll man mit all seinen Kräften gegen Stärkere kämpfen. Man darf die Treffer des Gegners nicht fürchten; dadurch, daß man geschlagen wird, wird man auf seine eigenen Fehler aufmerksam!

f) Zu den wichtigsten Techniken gehören ,,Shikake-Waza'' (Angriffstechniken)

Anfänger sollten nur Shikake-Waza üben. Wenn man den Angriff des Gegners abwartet, also dazu neigt, nur Verteidigungstechniken (,,Oji-Waza'') anzuwenden, kann man sich nur langsam verbessern. Die Shikake-Techniken ermöglichen einen schnelleren Erfolg.

g) Bevorzugt Men schlagen!

Prüft man statistisch die Häufigkeit von Treffern, so sieht man, daß der Men-Treffer am häufigsten vorkommt; dann erst folgen Kote, Do und Tsuki-Treffer. Unter Anfängern kann man leichter Do schlagen. Jedoch sollte man sich in der Anfängerstufe nicht auf den Do-Schlag spezialisieren, weil man ihn bei einem stärkeren Gegner ungleich schwerer anbringen kann. Es heißt: ,,Men ni hajimatte, Men ni owaru!'' (Mit dem Men-Schlag beginnt und endet die Kendo-Technik). Erfahrene Kendo-Ka schlagen sehr häufig Men, weshalb man selbst auch beim Keiko oder Wettkampf vor allen Dingen den Men-Schlag üben sollte.

,,Kiso-Geiko'' (Elementarübungen)

Die richtige Körperhaltung, ein ausgeglichener Griff, die Fixierung mit den Augen und die Fußarbeit, sowie das harmonische Zusammenwirken von Augen und Händen, Augen und Füßen, und auch Füßen und Händen bilden die Grundlage der Schlagtechniken und ermöglichen erst das Erlernen der korrekten ,,Suburi-Übung''. Diese Punkte sind daher eine sehr wichtige Lernstufe; erst durch ihre Beherrschung wird die Ausführung der verschiedenen Techniken gewährleistet. Zwar möchte man schnell mit angelegter Rüstung kämpfen. Jedoch führt dies oft bei Nichtbeherrschen der elementaren Übungstechniken zu Fehltreffern, weil man die vorgesehenen Stellen (Men, Do etc.) nicht trifft und dem Partner sogar gelegentlich eine Verletzung beibringen kann. Deshalb ist es wichtig, mit äußerster Konzentration zu trainieren und sich dabei die Elementarbewegungen **exakt** anzueigenen.

,,Yakusoku-Geiko'' (Verabredetes Training)

a) ,,Kihon-Geiko'' Üben der Grundtechniken

Für den Anfängern ist es wichtig, sich erst einmal die Grundtechniken anzueigenen. Dazu einigt man sich zuvor auf einen bestimmten Abstand und legt schon im voraus das Schlagziel fest, um so die grundlegenden Bewegungen, die zur Ausübung des Kendo notwendig sind, zu erlernen. Nach und nach geht man dann dazu über, den Schwierigkeitsgrad zu steigern, indem man das Schlagziel nicht mehr festlegt, sondern das Ziel offenläßt und zu einer beliebig regulierbaren Entfernung — ,,Maai'' — übergeht. Man wendet ,,Fumikomi-Ashi'' an, das eine beschleunigte Fußarbeit zur Folge hat. Vom anfänglichen Trainieren mit ,,Uchikomi-Bo'' und ,,Uchikomi-Dai'' geht man schließlich zum Training mit Partner über, d. h., man schlägt jetzt gegenseitig auf die im Kendo festgelegten Stellen.

Es ist wichtig, stets mit voller Konzentration und Energie zu trainieren.

b) „Uchikomi-Geiko" (Schlagübungen)

Mit
1. Kirikaeshi,
2. dem Ausführen von Techniken, die mit großer Ausholbewegung ausgeführt werden. (Der Lehrer versorgt den Anfänger mit Schlaggelegenheiten).
3. korrekter Körperhaltung und
4. unter Aufbietung der höchstmöglichen Körper- und Geisteskraft

geht man dann zum „Uchikomi-Geiko" über. Die mit dem Lehrer ausgeführten Kirikaeshi- und Uchikomi-Übungen entsprechen im übrigen auch der Kampfpraxis, so daß ein individuell angepaßtes Training ausgeübt werden kann. Außerdem spielen beide Übungsarten auch eine Rolle bei der für Kendo wichtigen gleichzeitigen Ausbildung der Körper- und Geisteskraft. Dies darf sowohl bei Anfängern als auch bei Fortgeschrittenen nicht vernachlässigt werden.

c) "Oyo-Waza-Geiko" (Training mit angewandten Techniken)

Nachdem man die verabredeten Techniken im gegenseitigen Training vorerst mit weit ausholender Bewegung langsam und exakt ausgeführt hat, greift man nunmehr — mit wachsender Geschicklichkeit und Erfahrung — mit kleiner, schneller Bewegung an und versucht, der Bewegungsänderung und -geschwindigkeit des Gegners entgegenzuwirken.

„Sogo-Geiko" (Vereintes Training)

a) „Kakari-Geiko" (Angriffstraining)

Dieses Training dient vornehmlich dazu, die Angriffstechniken (Kakari-Waza) ohne einen Gegenangriff befürchten zu müssen, anzuwenden.
Hierfür soll aus großem Maai mit „großer Technik" und exaktem Uchi-Komi angegriffen werden. Der Lehrer bringt dem Schüler den Unterschied von richtig und falsch bei, indem er auf inkorrekt oder unlogisch ausgeübte Techniken mit „Hazushi" oder „Uchi-Kaeshi" reagiert und seinen Schüler somit nicht treffen läßt. Ferner soll der Lehrer bei Anwendung von „Hazushi", „Kawashi" oder „Uchi-Kaeshi" den Schüler zum unmittelbaren Überlegen und Handeln bringen. In der Regel wendet der Anfänger zuviel Körperkraft beim Training an. Durch Ausüben der Kakari-Geiko-Übung unter Aufwendung der höchstmöglichen Körper- und Geisteskraft wird der Schüler schließlich von selbst nur noch soviel Kraft anzuwenden lernen, wie gerade erforderlich ist. Kakari-Geiko ist für Könner ebenso wichtig wie für Anfänger. Jeder gerät einmal in eine Phase der Stagnation, in der kein Fortschritt erfolgt. So sehr man sich auch anstrengt, man wird von Kameraden überholt die später angefangen haben, und verliert schließlich die Lust am Weitermachen. In solchen Fällen denke man nicht an „Treffen" oder „Nichttreffen", sondern kehre zum „Doshin" („so unschuldig, wie ein neugeborenes Kind") zurück, lege seinen „falschen Stolz" ab und beschäftige sich ausschließlich mit Kakari-Geiko. Und ohne sich dessen bewußt zu werden, wird man allmählich von seinen Hemmungen befreit, tritt mit unerschrockener, sich selbst überwindender Haltung auf und macht wieder „unerwartet" Fortschritte. Selbst

Könner üben bei **ihren** Meistern Kakari-Geiko, denn das unter Aufbietung aller körperlich-geistigen Kräfte ausgeübte Kakari-Geiko bildet den Maßstab, durch den der zukünftige Erfolgsverlauf bestimmt wird.

b) ,,Ji-Geiko'' (Freistil-Training)

Im Falle des Ji-Geiko wird, nachdem man die Plätze eingenommen hat (Lehrer = Kamiza/ Schüler = Shimoza), nach eigenem Ermessen gekämpft.
Der Ablauf des Ji-Geiko sieht in der Regel folgendermaßen aus:
1. Kiri-Kaeshi;
2. Kakari-Geiko oder Buai-Geiko, das sind die Übungen, die gewöhnlich trainiert werden mit Shobu-Geiko (Kampfübungen);
3. zum Abschluß noch einmal Kiri-Kaeshi.

Während des Ji-Geiko soll sich das Training neben dem selbständigen Entschluß von Angriff und Verteidigung nicht allein auf ,,Getroffen'' oder ,,Nichtgetroffen'' beschränken, sondern es sollen möglichst viele Techniken unter Aufbietung maximalen Leistungswillens angewendet werden. Selbst diejenigen, die zum ersten Mal Ji-Geiko-Übungen miteinander trainieren, können schon nach einiger Zeit wechselseitig die eigenen Fähigkeiten erkennen. Unbeabsichtigt führt dann das von dem Schüler oder Rangtieferen ausgeübte Ji-Geiko allmählich zum Kakari-Geiko. Um dauerndes Zurückweichen, ständiges Abwehren und somit ein nutzloses Training zu vermeiden, muß der Lehrer oder Ranghöhere mit aller Härte durchgreifen und ohne Unterlaß von einem Angriff zum anderen übergehen, damit der Schüler oder Rangtiefere möglichst schnell außer Atem gerät, erschöpft am Weitermachen gehindert wird, und der Lehrer durch diese Maßnahme mit mehreren trainieren kann. Ob geschickt oder nicht, jeder kann unter Ausübung aller ihm zur Verfügung stehenden Techniken und der verschiedenen Trainingsmethoden seine Kendo-Erfahrungen sammeln und ,,Jiryoku'' (d. h. tatsächliche vorhandene Stärke) ausbilden.
Auch wenn der Gegner schwächer oder schlechter ist als man selbst — greift er mit Sutemi an, erfordert die volle Abwehr dieses Angriffs äußerste Aufmerksamkeit. Es ist andererseits auch nicht einfach, von sich aus einen Angriff auf ihn auszuüben, denn selbst wenn man — der Theorie entsprechend — exakt angreift, würde der Gegner instinktiv die Gefahr wahrnehmen und sofort in Abwehrstellung übergehen.
Daher merke man sich:
Aus dem Training mit schwächeren oder ungeschickten Partnern kann man ebenfalls lernen.
Ji-Geiko unter Partnern mit gleichem Niveau als auch unter Schüler und Lehrer ausgeführt, ist die effektvollste Möglichkeit, die Leistungsfähigkeit im Kendo zu steigern und sollte daher von allen Kendo-Praktizierenden zur Leistungssteigerung praktiziert werden.

c) ,,Shobu-Geiko'' (Kampftraining)

Beim Kampf (,,Ippon-Shobu'' = Ein-Punkt-Wettkampf) kommt es darauf an, ein Keiko mit dem Ziel der Entscheidung durchzuführen, das unter Aufbietung der Gesamtkräfte ausgeführt werden muß. Da schon mit dem ersten Treffer (im Gegensatz zum ,,Sanbon-Shobu'' = Drei-Punkte-Wettkampf) der Sieg entschieden wird und man aufgrund dessen mit dem Aufgebot seiner Kräfte kämpft, sollte man seine Tokui-Waza (Spezialtechniken) möglichst oft anwenden sowie stets konzentriert und mit guter Verteidigung kämpfen. Der Hauptzweck bei diesem Training ist es „Kampferfahrungen" für spätere Wettkämpfe zu sammeln, und somit durch hartes Training ein unerschütterliches, entschlossenes Selbstbewußtsein zu erlangen. Es ist wichtig, bei Shobu-Geiko nicht wählerisch zu sein, sondern auch mit Gegnern, die einem nicht liegen oder mit außergewöhnlichen Techniken aufzuwarten pflegen, zu kämpfen. Es gibt Kendo-Ka, die zwar während des Ji-Geiko große Leistungen hervorbringen und stark sind, jedoch sobald es um das Austragen eines Wettkampfes geht, erfolglos bleiben. Das ist damit zu erklären, daß der Kämpfer bei einem Zweikampf zwar die gute Gelegenheit durch Konzentration und Zusammenfassung seiner Gesamtenergie erfaßt, den Brennpunkt von Erkennen und spontanem Handeln jedoch verfehlt und im entscheidenden Moment nicht mit Kühnheit reagiert. Dies deutet zweifellos auf die Wichtigkeit der Kampferfahrung hin, die man nur durch einen regelmäßig am Ende des Kendo-Training ausgeführten Shobu-Geiko-Kampf erlangen kann. Mit anderen Worten: Man soll sich während des Shobu-Geiko um die Aneignung perfekter Kampffertigkeit bemühen, um im entscheidenden Augenblick voll über seine tatsächlich vorhandenen Kräfte verfügen und sie beweisen zu können.

d) „Hikitate-Geiko" (Spezielles Unterweisungstraining)

Beim Hikitate-Geiko wird der Anfänger vom Lehrer unterwiesen. Es dient als wichtigste und zugleich grundlegenste Methode zur Herausbildung von qualifizierten Kendo-Ka. Das Ziel ist es,

I. **bei dem Anfänger**

1. die Grundtechniken zu festigen,
2. ihm schlechte Angewohnheiten abzugewöhnen,
3. die natürliche Begabung herauszufinden und zu fördern

und

II. **bei denjenigen, die schon über o.g. Punkte verfügen**

1. unter Erforschung der von dem Kendo-Praktizierenden noch nicht verstandenen bzw. beherrschten Techniken ihn zu diesen zu führen, bzw. ihn dazu zu bringen, sich ihrer bewußt zu werden,

2. ihn auf die ihm noch nicht zum Bewußtsein gekommenen Vor- und Nachteile seines Kendo hinzuweisen. Man hilft so beim Erlernen und Beherrschen verfeinerter Techniken und beschleunigt Fortschritt und Aufstieg.

Es ist die Pflicht des Lehrers, den Kendo-Sportler mit für ihn geeigneten Schlaggelegenheiten für Men, Kote oder Do zu versorgen und ihm somit ein Erfolgserlebnis durch das effektiv Erlernte zu vermitteln.

Der Lehrer unterbindet die inkorrekte Körper- und Geisteshaltung wie auch die einseitige Anwendung von Angriffs- oder Verteidigungsmethoden. Er zeigt dem Kendotreibenden, was richtig und was falsch ist, indem er nur korrektes und zum Erfolg führendes Handeln duldet, inkorrekten Angriff entsprechend abwehrt und auf diese Weise die Fähigkeiten des Schülers entwickelt. Andererseits soll der Lehrer dem Schüler weder mit zu wirkungsvollem Kissaki (Shinai-Spitze) begegnen, noch ihn zu hitzig angreifen, damit dieser nicht mit Angst reagiert und sein Handeln blockiert wird. Deshalb sollte der Lehrer stets ein angemessenes Maß an Strenge und

Nachsicht walten lassen, gelegentlich von sich aus angreifen und dann wiederum den Schüler angreifen lassen. Er soll ihn zum Hervorbringen eigener Technicken anleiten, für das Vorhandensein eines geeigneten Maai sorgen und ihn durch Bieten guter Gelegenheiten an das Anwenden korrekter Techniken gewöhnen. Bei fortgeschrittenen Schülern, die schon über einige Fähigkeiten verfügen, wendet der Lehrer oder sein Stellvertreter als Antrieb zum Hervorbringen der Techniken folgende Methode an:

Während er 1. angreift,
2. die Bewegungs- und Angriffsfreiheit des Kendo-Schülers unterdrückt,
3. ihn in die Enge treibt und
4. Harai ausübt,

sorgt er stets für Schlaggelegenheiten und entsprechenden Maai und fördert die bei ihrer Ausübung richtig angewandten Waza. Selbst wenn der Lehrer innerlich gewonnen hat, ist es seine Pflicht, den Kendotreibenden seine Techniken ausführen zu lassen und sie zu fördern. Während des Hikitate-Geiko muß sich jeder, der hier die Stelle des Lehrenden innehat, dem Niveau des Schülers soweit anpassen, daß er mit der Technik eines um einen Dan über diesem stehenden kämpft. Er soll sich stets von neuem hieran erinnern. Hinsichtlich des Hikitate-Geiko ist ein Erfolgsaufstieg natürlich nur durch trainieren mit einem erfahrenen, guten Lehrer gewährleistet, während es nicht selten ist, daß einige trotz jahrelangen Bemühens keinen Erfolg sehen, und zwar nur, weil sie nicht korrekt unterwiesen werden. Ein Könner muß nicht zugleich ein guter Vermittler seiner Fähigkeiten sein. Wer die Stelle des Lehrenden innehat, muß selbst im Kendo gut sein und danach trachten, ein fähiger Lehrer zu werden, um somit zur Herausbildung einiger ausgezeichneter Kendo-Ka unter seinen Schülern beizutragen.

„Shiai-Geiko" (Wettkampf-Training)

Es gibt den Einzel- und den Mannschaftskampf. Zur Vorbereitung des Wettkampfes ist es wichtig, gegenseitig regelmäßig Regeln und Methoden des Kendo zu untersuchen. Auch kann man durch abwechselndes gegenseitiges Schiedsrichtern vieles erlernen, was beim eigenen Kampf von Nutzen sein kann, z.B. Angriffsmethoden, den zur Ausübung des Angriffs wichtigen Abstand und auch die Angriffsgelegenheit. Um sich an die richtige Kampfatmosphäre zu gewöhnen und Selbstbewußtsein erlangen zu können, richtet man eine derartige Atmosphäre innerhalb des Dojos ein. Nach mehrmaligem Abhalten von Shiai-Geiko soll man seine eigenen Stärken umso eifriger ausgebildet und gefestigt, und ein Siegesbewußtsein, das

1. von Fehlerhaftigkeiten und Unvorsichtigkeiten befreit ist und
2. dem Gegenangriff durch eigene Blößen und Schwächen entgegensteht,

entwickelt haben. Dadurch ist die innere und äußere Kampfhaltung gefestigt. Um das Solidaritätsgefühl zu stärken, den Mut zu fördern und dadurch eine gute Leistung bei einem Kampfturnier erzielen zu können, müssen der erste sowie der letzte Kämpfer, bzw. der Kapitän der Mannschaft, eine Kampftaktik entwickeln, die auf alle Fälle zum Sieg führt. Auch sollte man während des Shiai-Geiko möglichst mit schwierigen und verschiedenen Gegnern trainieren.

„Tokubetsu-Geiko" (Spezialtraining)

a) „Kan-Geiko" (Wintertraining) und
„Shochu-Geiko (Sommertraining)

Dieses Training dient zur Stärkung der inneren Haltung, wobei zu einer Ausübung Umstände wie Kälte und Hitze, Abgespanntheit und Müdigkeit gewählt werden.

b) 1. „Gasshuku-Geiko" (Lehrgangstraining)

Ein Training, das mit einer Gruppe von Kendosportlern ausgeführt wird, die während einer bestimmten Zeit zusammenwohnen.

2. „Chiho-Geiko" (Wandertraining)

Trainieren in verschiedenen Dojos mit verschiedenen Kendo-Ka durch Besuche derselben.

Die Zusammensetzung der Kendo-Techniken

Die Kendo-Techniken werden mit dem Shinai auf festgelegte Treffstellen ausgeführt. Mit konzentrierter Kampfhaltung und dem Prinzip des unbedingten und schnellen Angriffs wird der Wettkampf ausgetragen. Der Angriff im Kendo setzt sich aus Einzelelementen zusammen; die Angriffstechnik erfordert für ihre Ausführung die Einheit von Abstand, Gelegenheit und der jeweiligen angewandten Technik. Dabei entsteht folgende Formel:

$$\text{Angriff} = \frac{\text{Technik}}{\text{Kampfgeist (Körperhaltung + Shinai-Haltung + Fußarbeit)} \times \text{Maai} \times \text{Gelegenheit}}$$

Auf das Shinai, mit dem heute die Schlagangriffe ausgeführt werden, sind die Prinzipien des Nihon-To übertragen worden; da es den charakterlich und physiologischen Eigenschaften des Japaners gerecht wird, spielt es bei der Erhaltung der inhaltlichen Eigenart des Kendo eine große Rolle. Da mit dem Shinai Schlag- und Stoßtechniken ausgeübt werden, im Gegensatz zu dem einstigen Erschlagen oder Erstechen mit dem Schwert, haben sich jedoch deutliche Unterschiede in der Ausführung der Technik zwischen Shinai und Nihonto hervorgetan:

NIHONTO	SHINAI
in der Hauptsache wird in die vitalen Zentren geschlagen oder gestochen	den Gegner an den festgelegten Schlagstellen angreifen
mit der Klinge töten	mit der Rückseite der vom Tsuru bespannten Seite schlagen
mit einer Schwertkrümmung und der Shinogi-Rückseite versehen	rund und gerade
kurz und schwer	lang und leicht
individuelle Wahl der Länge und des Gewichts	Länge und Gewicht sind festgelegt

Von den Prinzipien der alten Schwerttechniken sind folgende auf die Shinai-Techniken übertragen worden:
1. Ausholen und Schlagen.
2. Das Schlagen mit der festgelegten Seite.
3. Mit dem Mono-Uchi (letztes Shinaidrittel) schlagen.

Die Voraussetzung für einen erfolgreichen unbedingten Angriff ist die Einheit von Technik, Abstand und Gelegenheit; d.h. auch, daß eine gesteigerte Reaktionsfähigkeit erforderlich wird, und Augen, Ohren und Berührungssinn in höchstem Maße sensibilisiert werden müssen. Darüberhinaus ist die geistige Regsamkeit und damit der geistige Angriff außerordentlich wichtig (wechselseitige Einwirkung von Körper und Geist); jede Richtungsänderung des Angriffsziels muß in ihrem Ursprung unmittelbar erfaßt werden. Es gibt vier Angriffsziele: Men, Kote, Do und Tsuki. Diese Körperstellen sind am leichtesten verwundbar und werden daher instinktiv am schnellsten beschützt. Da durch das Schützen einer dieser Treffstellen jedoch gleichzeitig eine andere Treffstelle bloßgelegt wird, kann der gegnerische Angriff sowie eine Änderung in seiner Haltung zum eigenen Angriff genutzt werden.

Man fragt sich, ob die ausholende Schlagbewegung sinnvoll ist, da bei ihr die Chudan-Position — sowohl Angriffs- als auch Verteidigungshaltung — aufgelöst werden muß und dadurch sämtliche Blößen freigelegt werden. Bedenkt man jedoch, daß der gegnerische Angriff schon im voraus gebremst oder lahmgelegt werden kann, so ist das schnelle ausholende Schlagen bei intensivem Training sinnvoll.

Schreckhaftigkeit und Unsicherheit sind nicht selten Gründe, die den Anfänger aus der Chudan-Position bringen. Dies läßt jedoch in dem Maße nach, in dem mit dem technischen Fortschritt auch die Fähigkeit der Einschätzung der gegnerischen Bewegungen entwickelt wird. Hieraus kann man den Schluß ziehen: ohne geistigen Angriff läßt sich kein korrekter Schlag anbringen.

Der Angriff setzt sich aus drei Komponenten zusammen:

1. die Psyche des Gegners angreifen
2. das gegnerische Shinai wegschlagen oder lahmlegen
3. die eigene Technik voll einsetzen, so daß der Gegner völlig in die Defensive gedrängt und am eigenen produktiven Angriff gehindert wird.

Der Gegner muß eingeschüchtert und verunsichert werden; man greift in dem Moment an, in dem seine motorischen Nerven und seine Muskulatur für einen Augenblick lahmgelegt worden sind (Blockierung der physischen und psychischen Bewegungsfähigkeit). Dies verdeutlicht, daß Kendo auch ein Mittel zur psychischen Schulung ist!

Eine gute Schwerttechnik wird dann erreicht, wenn der durchgeführte Schnitt tödlich war. Die den sportlichen Regeln entsprechende Wirkung kann mit dem Shinai durch das gerade Schlagen aus möglichst kurzem Abstand erzielt werden. Unter Einhaltung dieser Gesetzmäßigkeit muß mit Tenouchi und korrekter Körper- und Shinai-Haltung gekämpft werden.

Es gibt im Kendo alte Lehrsprüche wie ,,Ki-Ken-Tai'' (Geist, Schwert und Körper''), ,,Shin-Ki-Ryoku'' (,,Geist-Psyche-Kraft'') oder ,,Ichi-Gan, Ni-Soku, San-Tan, Shi-Ryoku'' (,,1. Auge, 2. Fuß, 3. Mut und 4. Kraft''). Sie erklären deutlich Reihenfolge und Aufbau der Inhalte eines Angriffs; d.h., ein Kendo-Angriff bedarf der Übereinstimmung von Technik, Abstand und Gelegenheit. Es handelt sich um eine Bewegungsfolge, bei der von einer festgelegten Technik ausgegangen wird, die sich im Laufe des Kampfgeschehens fortwährend ändert. Den Abstand und die Gelegenheit berücksichtigend soll dann mittels dieser Bewegungsfolge das Schlagziel erreicht werden. Das Training ist demzufolge hart, aber dafür ist die Freude bei einer geglückten Technik umso größer.

Um mit dem Mono-Uchi schnell und korrekt treffen zu können, muß die Einheit folgender Faktoren gewährleistet sein:

1. Anspannung der Muskelkraft; insbesondere muß die Tenouchi-Bewegung geschmeidig und sicher ausgeführt werden.
2. Bei korrekter Körper- und Shinai-Haltung und schneller Fußarbeit muß der Gegner sorgfältig beobachtet werden.
3. Der Angriff muß beim Gegner eine Blöße hervorrufen.
4. Den Abstand schnell verkleinernd muß voll angegriffen werden.

SINN UND ZIEL DES WETTKAMPFES

Der Wettkampf dient dazu, die Grenzen der eigenen Leistungsfähigkeit kennenzulernen. Entsprechend soll man mit aller Körper- und Geisteskraft kämpfen, sich an die Regeln halten und den Gegner achten. Der Kampf hat ferner den Zweck, die Technik zu verbessern und die körperliche und geistige Kraft, seinen Willen zu stärken.

Für den Erfolg beim Wettkampf ist es besser, mit fremden Gegnern zu kämpfen, als nur mit den Clubkameraden. Der Sieger des Wettkampfes sollte sich nicht auf seinen Lorbeeren ausruhen, sondern er muß später das Kampfgeschehen noch einmal reflektieren. Auch soll der Verlierer seine gerechtfertigte Niederlage akzeptieren und die Gründe dieses Mißerfolges bei sich suchen und den Kampf analysieren. Sieger und Verlierer sollen auch weiterhin fleißig üben.

Der Sieger ist in seinem Selbstvertrauen gestärkt und baut auf die Technik, mit der er gewonnen hat. Durch die Erforschung der Gründe seiner Niederlage kann der Verlierer weiteren gleichen Fehlern vorbeugen.

Wir stellen fest: Um im Kendo Fortschritte machen zu können, ist neben ständigem „Keiko" die Kampferfahrung besonders wichtig.

GESICHTSPUNKTE, DIE BEIM WETTKAMPF ZU BEACHTEN SIND

Beim Kampf soll man die Fähigkeiten, die man bis dahin erlernt hat, anwenden und zeigen. Dazu sollte man beachten:

Welche Vorbereitungen muß man treffen?
Wie führt man den Kampf aus?
Was macht man nach dem Kampf?

1. Vor dem Kampf

a) Regulierung von Geist und Körper:

Man muß im Hinblick auf den Wettkampf planvoll üben und ein regelmäßiges, gesundes Leben führen. Vor allen Dingen hüte man sich am Vortag des Kampfes vor ungenügendem Schlaf. Am Kampftag ist es ratsam, leicht verdauliche Nahrung zu sich zu nehmen, wenig Flüssigkeit zu trinken und mindestens eine Stunde vor Kampfbeginn nicht zu essen. Vor dem Kampf soll man möglichst auf der Toilette gewesen sein. Besonders in der heißen oder kalten Jahreszeit ist es erforderlich, auf einen gut trainierten und ausgeglichenen Körper- und Geisteszustand zu achten.

b) Kleidung und Rüstung:

Während des Wettkampfes steht der Kämpfer im Rampenlicht der Öffentlichkeit, und darum ist es erforderlich, daß seine Kleidung sauber ist. Ferner lege er eine gut sitzende Kampfrüstung an und überprüfe ihren Sitz vor dem Kampf. Beim Shinai sind besonders das Sakigawa, Nakayui, Tsuru und der Bambus auf ihre Sicherheit zu prüfen; außerdem müssen Länge und Gewicht des Shinai den Regeln entsprechen. Weiterhin empfiehlt es sich, ein bis zwei Reserve-Shinai für den Kampf mitzubringen. Kleidung und Rüstung müssen in einem Zustand sein, der Verletzungen und Beschädigungen ausschließt. Besonders soll man auch darauf achten, daß sich Men- und Do-Himo während des Kampfes nicht lösen können.

c) Beobachten des Gegners:

Wenn man den Gegner schon vor dem Wettkampf kennt, soll man auf die Vor- und Nachteile seines Kendo achten und nach einer für ihn geeigneten Angriffstechnik suchen. Hat man sich einen Angriffsplan zurechtgelegt, so soll man sich jedoch während des Kampfes nicht zu stur daran halten.
Schon in dem Moment, in dem der Gegner seine Rüstung anlegt, ist es dem Könner möglich, seine Gewohnheiten zu durchschauen, bzw. seine Fertigkeiten zu erkennen.

2. Während des Kampfes

a) Gemütsruhe:

Hat man nach der gegenseitigen Verbeugung die Kampfstellung eingenommen, so soll man mit dem Aufgebot aller geistigen Kräfte die Überwindung aller Gedanken, die außerhalb des Kampf-geschehens liegen, erreichen! Als nächstes beobachte man in Ruhe die körperliche und geistige Verfassung sowie die Angriffstechniken des Gegners, um dadurch möglichst schnell auf seine Schwächen aufmerksam zu werden. Während dieser Zeit ist der Abstand voneinander etwas größer als gewöhnlich (genannt: ,,Toma''), so daß es zu einer gegenseitigen ,,Kontrolle'' mit den Kensen kommt.
Wenn man wahrnimmt, daß man sich mit ungenügendem ,,Taisei'' (Konzentration) zu weit in den Abstand hineingewagt hat, so soll man zunächst den vorherigen Abstand wiederherstellen, um dann erneut zum Angriff übergehen zu können.

b) ,,Sho-Tachi'' (der erste Schlag):

In der Regel handelt es sich im Wettkampf um den ,,San-Bon-Shobu'' (Drei-Punkte-Wettkampf); man sollte jedoch schon beim ersten Angriff so ernsthaft schlagen, als handelte es sich um einen ,,Ippon-Shobu'' (Ein-Punkt-Wettkampf).

c) ,,Sen'' (früher oder zuerst):

Man soll beim Beobachten des Gegners während des Kampfes nicht auf dessen Angriff warten, sondern zuerst attackieren und mit ständig angriffsbereiter Körperhaltung kämpfen.

d) ,,Eidan" (der kühne Schritt):

Durch gegenseitige Verfolgung der Atembewegung versucht man, eine Gelegenheit zum Schlagen zu finden. Sieht man eine Möglichkeit zum Angriff, muß man **sofort** schlagen, denn eine solche Gelegenheit ist naturgemäß nur für einen kurzen Moment gegeben. Man darf nicht die Abwehr des Gegners befürchten, sondern soll schnell und mit ,,Sutemi" schlagen.

e) ,,Zanshin" (Kampfgeist wahren)

Da die Schiedsrichter über die Gültigkeit eines Treffers entscheiden, ist es für den Kämpfer nicht nötig, sich während des Kampfes Gedanken darüber zu machen, ob er getroffen hat oder nicht. Wird nämlich die körperliche und geistige Anspannung durch derartige Überlegungen abgelenkt, läßt die Konzentration nach, und es ergibt sich für den Gegner ein guter Angriffsmoment: Die eigene Konzentration darf auch nicht für einen Sekundenbruchteil vernachlässigt werden.

f) ,,Aiki-o-hazusu" (dem Aiuchi-Treffer ausweichen):

Wenn die Gegner nur Aiuchi-Treffer anbringen und so der Kampf sehr lange dauert, muß man die Angriffsmethoden ändern. Dafür gibt es folgende Möglichkeiten:

1. Mit anderem Kamae angreifen.
2. Änderung der Angriffsgelegenheit.
3. Änderung des Angriffszeitpunkts.
4. Man sollte Überraschungsangriffe probieren.

g) Wie soll man angreifen?

Wenn man stets Men antäuscht und dann auch Men schlägt, ist die Wahrscheinlichkeit zu treffen sehr gering; deshalb sollte man in diesem Fall Kote oder Do schlagen. Beim Antäuschen von Kote soll man dementsprechend Men oder Tsuki zu treffen versuchen. Empfehlenswert ist es auch, oben anzugreifen und unten zu schlagen und umgekehrt, bzw. rechts anzugreifen und links zu schlagen und umgekehrt. Außerdem soll man nicht einseitig angreifen, sondern den Gegner aus allen Richtungen bedrängen.

h) ,,Kyo-Jitsu" (,,Schein und Sein"):

,,Kyo" ergibt sich durch eine Blöße in Bezug auf Geist oder Körper des Gegners und bildet somit eine Gelegenheit zum Schlagen. ,,Jitsu" bedeutet das Gegenteil von ,,Kyo", d. h. Geist und Körper sind während des Kampfes angespannt, so daß keine Blöße zum Angriff des Gegners gegeben ist. Kämpfen beide Gegner mit Kyo oder Jitsu gleichzeitig, kann es zu keiner Entscheidung kommen; es ergibt sich der Aiuchi-Treffer. Erwidert man mit ,,Kyo" auf den Jitsu-Zustand des Gegners, verliert man den Kampf. Daher ist es wichtig zu erforschen, wie sich der Aiuchi-Treffer am besten vermeiden läßt und wie man angreifen soll.

3. Nach dem Kampf

a) Reflexion:

Sowohl Sieger als auch Verlierer müssen stets das Kampfgeschehen reflektieren. Der Sieger soll sich überlegen, weshalb er gewonnen hat, und der Verlierer soll durch Ergründung seiner Niederlage dieselben Fehler in späteren Wettkämpfen vermeiden. Nur durch dieses Nachdenken sind Fortschritte im Kendo gewährleistet.

b) Trainingskleidung und Ausrüstung:

Wenn möglich, sollte man für Keiko und Wettkampf verschiedene Gi und Hakama tragen, die stets saubergehalten werden müssen. Nach dem Kampf ist dafür zu sorgen, daß die Rüstung gut ausgetrocknet und instandgehalten wird; beschädigte Shinai sind zu reparieren.

Ausspracheregeln für japanische Wörter

Die Umschrift in römischen Buchstaben (Romaji) richtet sich nach dem im Ausland am weitesten verbreiteten Hepburn-System; die Vokale a, e, i, o, u werden im Japanischen kurz gesprochen, i und u haben eine Neigung zum Schwund. Ai (Tai) wird gesprochen wie das deutsche ei (Eis); ei (Keiko) wie im Englishen (way); ch (Uchi) wie rutschen, j (Ji-Geiko) wie Dschungel; s (Suburi) wird stimmlos wie in Wasser, z (Zanshin) stimmhaft wie in Sense gesprochen; das sh (Shinai) entspricht dem deutschen sch und das y dem j (Yame - Jahr). Doppelkonsonanten sind angehalten zu sprechen (Kissaki), Doppelvokale sind zu trennen (Maai). Die langen Vokale sind zwar nicht im Text angegeben, hier jedoch mit einem Dehnungsstrich über dem Vokal versehen.
Substantive sind mit großen Anfangsbuchstaben geschrieben.

Anmerkungen zur Übersetzung

Da ein Übermaß an Fremdwörtern den Kendotreibenden eher vom Aneignen der Termini abschrecken würde, haben wir uns hier nur auf die gebräuchlichsten und wichtigsten Ausdrücke beschränkt.
Da es sich um eine Übersetzung handelt, ist bitte auf die gelegentlich etwas befremdende Wortwahl im Deutschen Rücksicht zu nehmen.
In der japanischen Sprache gibt es keinen Artikel. Im Deutschen jedoch kann nicht immer darauf verzichtet werden. Daher haben wir uns hier auf das Neutrum geeignet (das Keiko-Gi); in der Praxis werden häufig auch die anderen Artikel benutzt, wobei man sich der Artikel der deutschen Übersetzung bedient, z.B. Hakama — die Trainingshose oder der Trainingsrock. Man orientiere sich hier ruhig nach der eigenen Gewohnheit.

I. M.

230

Wörterverzeichnis

A

Aiuchi — gleichzeitiges Schlagen beider Partner; führt zu keiner Entscheidung

Ashi-Sabaki — Fußarbeit

Ashi — Fuß oder Bein

Ayumi-Ashi — einfacher Gehschritt

B

Bokken — schwerer Holzstab; Anwendung beim Stärkungstraining. Auch Suburi-Bō genannt

Bokutō — Holzschwert; Anwendung bei Nihon-Kendō-Kata

C

Chihō - Geiko — Wandertraining

Chikama — kleiner Abstand, d. h. kleiner als der Issoku-Ittō-no-Maai

Chūdan-no-Kamae — kampfbereite Haltung; Shinai in Körpermitte

D

Debana-Waza — Angriffstechnik, ausgeführt kurz vor dem gegnerischen Angriff

Dō — Rumpfschutz; Dō-Treffer

Dō-Uchi — Dō-Schlag

F

Fumikomi-Ashi — sprungartiger Schritt beim Angriff

G

Gasshuku-Geiko — Lehrgangstraining

Gedan-no-Kamae — kampfbereite Haltung; Kensen etwa in Kniehöhe

Go-no-Sen	nach dem Zuvorkommen des Gegners schlagen, d.h. nachdem die Technik des Gegners in der Bewegung sichtbar wird mit einer Oji-Technik kontern. Verlgeiche: Sen-Sen-no-Sen

H

Habiki-Tō	Stumpfschwert
Hajime!	Anfang, anfangen
Hakama	rockähnliche Kendo-Trainingshose
Hakama-Goshi	Rückenstütze am Hakama
Harai-Waza	Angriffstechnik, ermöglicht durch seitliches oder senkrechtes Wegschlagen des gegnerischen Shinai
Hassei	Schrei, siehe: Kakegoe
Hassō-no-Kamae	kampfbereite Haltung; Shinai seitlich
Hazushi	Abgleitenlassen des gegnerischen Shinai, z.B. gegenüber Anfängern, die einen unwirksamen oder unkorrekten Schlag ausführen
hidari	links
Hikibana-Waza	Angriffstechnik, die beim Zurückweichen des Gegners angewendet wird
Hikitate-Geiko	spezielles Drilltraning
Hiki-Uchi	Schlag im Zurückweichen
Hiki-Wake	Unentschieden
Hiki-Waza	Angriffstechnik, die beim eigenen Zurückweichen — z.B. aus dem Tsuba-zeriai — angewendet wird
Himo	Bänder, z.B. Dō-Himo, Men-Himo, usw.
Hiraki-Ashi	Ausfallschritt
Hokyō-Undō	Stärkungstraining

I

Ippon-Shobu	Ein-Punkt-Wettkampf
Irimi(-Haltung)	wörtl.: ,,in den Körper dringen''; bei den Nihon-Kendo-Kata: ohne das Kensen zu bewegen, tritt der Shidachi in das Maai des Gegners

Issoku-Ittō-no-Maai	Abstand für einen Schlag mit einem Schritt vorwärts; Grundabstand

J

Ji-Geiko	Freistil-Training
Jōdan-no-Kamae	kampfbereite Haltung; Shinai in vollendeter Aufwärtsbewegung
Jōge-Buri	Auf- und Abbwegungen mit dem Shinai
Junbi-Undō	Vorbereitungs- oder Aufwärmübungen

K

Kaeshi-Waza	Verteidigungstechnik, die ausgeführt wird, nachdem man den gegnerischen Schlag abgewehrt hat
Kage-Uchi	Schatten-Schlagen
Kakari-Geiko	intensives Angriffstraining
Kakegoe	Ruf, Schrei, der mit dem Schlag erfolgt
Kamae	Bereitschaftsposition; auch Begrüßungsform
Kamiza	Lehrersitz
Kan-Geiko	Winter-Training
Kata	Form, Stilform, siehe: Nihon-Kendo-Kata; auch Art und Weise einer Sache
katate	einhändig; (Gegensatz: morote)
Katate-Waza	Einhand-Technik
Katsugi-Waza	Techniken, die mit geschultertem Shinai ausgeführt werden
Keiko	Training, Übung
Keiko-Gi	Trainingsjacke
Kendō-Ka	weitläufig im Sinne von Kendotreibenden im allgemeinen gebraucht; in Japan nur für Kendotreibende höherer Dan-Grade üblich; hier ebenso gemeint
Kensen	Shinai-Spitze; auch Kissaki genannt
Kiai	Kampfstimmung o./u. Kampfgeschrei
Kihon-Waza	Grundtechniken

Kikai	(Schlag-) Gelegenheit
Ki-Ken-Tai-Itchi	Einheit von Geist, Schwert u. Körper
Kiri-Kaeshi	siehe: Uchikaeshi
Kiso-Geiko	Elementarübungen
Ko-Dachi	Kurzschwert
Kote	Hand- und Unterarmschutz; Kote-Treffer
Kote-Uchi	Kote-Schlag

M

Maai	Abstand
Men	Kopfschutz; Kopf-Treffer
Men-Uchi	Men-Schlag
Metsuke	wörtlich: ,,das Auge auf etw. richten;" Wahrnehmen
migi	rechts
Mono-Uchi	das letzte Shinai-Drittel mitdem man trifft
morote	beidhändig
Morote-Waza	Techniken, die beidhändig ausgeführt werden

N

Naname-Buri	diagonales Auf- und Abbewegungen des Shinai
Nihon-Kendō-Kata	japanische Kendō-Stilform
Nihon-Tō	Japan-Schwert
Nuki-Tō	Position mit herausgezogenem Schwert
Nuki-Waza	,,Ausweich"-Techniken
Nyūmon	wörtlich: ,,in das Tor treten"; Einführung

O

Ō-Dachi	Langschwert
ōfuku	hin und zurück

Oikomi-Geiko	mit intensivem Angriff den Gegner in die Enge treiben; vergl. Kakari-Geiko
Ōji-Waza	Verteidigungstechniken; oder Gegenangriffs- bzw. Kontertechniken genannt
Okori-Waza	Angriffstechniken, die ausgeführt werden, kurz bevor der Gegner im Begriff ist zu schlagen
Okuri-Ashi	bestimmte Fußarbeit; siehe: Ashi-Sabaki
Osame-Kata	wörtlich: „die Art und Weise das Schwert in die Scheide zu stecken", hier: Abgrüßung nach Ende einer Übung oder eines Kampfes
Ōyō-Waza	Anwendungstechniken

R

Renzoku-Waza	Schlagfolge-Techniken
Rei	Verbeugen!

S

San-Bon-Shōbu	3-Punkt-Wettkampf
Sayūmen-Uchi	seitliche Men-Schläge
Sen-Sen-no-Sen	vor dem Zuvorkommen: d.h. dann angreifen, wenn man die Angriffsabsicht des Gegners, die sich noch nicht in seiner Bewegung äußert, erspürt und zuschlägt
Shidachi	Schüler-Seite, Verteidiger bei Nihon-Kendō-Kata
Shikake-Waza	Angriffstechniken
Shimoza	Schülersitzseite
Shinai	Bambus-Fechtstock
Shizen-Hontai	natürliche Hauptgrundstellung
Shizentai	natürliche Bereitschafts- oder Grundstellung
Shōbu-Geiko	Kampftraining
Shōchū-Geiko	Sommertraining
Shōmen-Uchi	senkrechter Men-Schlag

Sonkyo	Hockstellung
Suburi	Bewegungsübungen mit dem Shinai, z.B. simulierte Men-Schlagübungen
Suki	Blöße
Suriage-Waza	Ōji-Technik, die ausgeübt wird, nachdem man das gegnerische Shinai nach oben geschoben hat
Suri-Ashi	bestimmte Fußarbeit; siehe: Ashi-Sabaki
Sutemi	wörtlich: „sich selbst wegwerfen", d.h. sich furchtlos in den Kampf werfen
Shiai-Geiko	Wettkampftraining

T

Taiatari	Zusammenstoßen der Körper
Tai-Tō	ursprünglich: das Schwert anlegen; hier: das Shinai korrekt an die Hüfte legen, etwa vor der Begrüßung
Tanden	Unterbauch
Tare	Hüftschutz
Tenouchi	das korrekte An- und Entspannen der Hände bei Handhabung des Shinai oder Bokutō; etwa beim korrekten Stoppen der Schwingbewegung des Shinai zum Anbringen eines Schlages
Tenugui	Schweißtuch, unter dem Men getragen; gelegentlich auch Hachimaki genannt
Tokubetsu-Geiko	Spezialtraining
Tokui-Waza	Techniken, die man gut kann
Tōma	weiter Abstand, d. h. weiter als der Issoku-Ittō Abstand
Tsuba	Handschutz des Shinai und Schwertes zwischen Schaft und Klinge
Tsuba-Moto	Griffteil unterhalb des Tsuba
Tsuba-zeriai	Kreuzung der Shinai im Nahkampf
Tsugi-Ashi	bestimmte Fußarbeit; siehe: Ashi-Sabaki
Tsuka	Lederbezug des Shinai-Griffs; auch Shinai-Griff

Tsuki	Kehlstich; Tsuki-Treffer
Tsuki-Tare	Kehlkopfschutz
Tsuru	Nylon-Band am Shinai zur Markierung der Shinai-Rückseite

U

Uchidachi	Lehrer-Seite oder Angreifer in Nihon Kendo-Kata
Uchi-Kaeshi	Wiederholung seitlicher Men-Schlage auch Kirikaeshi genannt; auch im Sinn von Zurückschlagen benutzt
Uchikomi	zuschlagen
Uchikomi-Bo	Schlagstab
Uchikomi-Dai	Schlagbrett
Uchiotoshi-Waza	Verteidigungstechniken, bei denen das gegnerische Shinai nach unten geschlagen und die ausgeglichene Stellung des Gegners für den eigenen Gegenangriff genutzt wird
utsu	schlagen

W

Waki-Gamae	kampfbereite Haltung; Shinai seitlich gesenkt
Waza	Technik

Y

Yakusoku-Geiko	verabredetes Training
Yame	aufhören, Schluß!

Z

Zanshin	Bewahren des Kampfgeistes, auch nach erfolgreichem Angriff
Zenshin	vorwärts-